# プロテスタントからカトリックへ
# をかける説教
## ストラスブールの街から

マルク・リエンナール［著］
時任美万子［訳］

"Le jour vient"
Prédications et Méditations

Marc Lienhard

YOBEL,Inc.

*Le Jour Vient*
*Prédications et Méditations*
by Marc Lienhard


published by YOBEL, Inc., Tokyo

# 前辞

告白するが、私は長い間、この黙想と説教を出版することにためらいがあった。私は知っている。語ったことから本質を再建する困難を。しかもこれらは、あるときある場所、アルザスで語ったものだ。にもかかわらず、私の考えを押し進めさせた三つの理由がある。

第一に人々はしばしば私の説教のテキストを要求した。これは口頭から書き物へと時間をかけても移す勇気を与えた。第二に、ある人々、いやもっと多くの人々は礼拝に加わろうという勇気を持たない。書くことで、これらの黙想が彼らに届き、有益であることを願った。最後に、必要とされればではあるが、福音告知を課された牧師、信徒説教者、教師たちを勇気づけ助けることを望んだ。それは義務というだけではなく、今日にあって聖書に沈潜し踏破する喜びであると確証したいのだ。

私は牧師であり、教会議長でもあったので長年礼拝で説教し、特別集会での黙想にも従事した。

また神学教師でもあった。そこでは福音宣教とのかかわりはより薄いと思われるだろうか？　何故なら総合大学と同じようだし、〈たとえ彼らが教会員であっても〉、教えられたことがらに対してある程度の距離をとるのは大事なことである。しかし16世紀から今日迄を見れば、プロテスタントアカデミー及び神学部の教師たちは等しく説教をしていたのだ。神学とは何であろうか？　神の言葉、その歴史、その行為の表示でないとすれば。この道は道筋を延ばして来た。今日なお確証されることを探求する言葉によって。

私はキリスト教史を教えた。この立場でほぼ毎日信仰の証人たち、大神学者たち、教会博士たち、聖書注解者たちと出会ったが、他に、その生涯と言葉が特殊かつ永続性を持つキリスト教霊性を証しする男女にも出会った。キリスト教に異議を唱え、同時に我々を信仰の基礎と教会の生命、またその彷徨と衰弱についても思考することへと押し出してくれる。彼らは互いに、たどっていくテキストの中で、一般的には短い引用の形態で現れる。

私にとってとりわけ大事なのは、聖書に登場する人々との対話であった。彼らの行動の中に、信仰、疑い、失敗の止むことのない発見があった。しかしもちろん人間史の向こうには神の計画がある。シュザンヌ・ド・ディートリッヒ（アルザス出身の女性神学者、エキュメニズムに貢献。1891～1981）が言うように。歴史に、我々の歴史の中に。それらは同時に、物語的かつ現実的、そしてユーモアを持った説教を呼び起こした。私はまた教会でよく賛美歌の抜粋を引用して用いた。これは共同体との繋がりを打ちたて、語ることと信仰の表現との間に共謀をもたらした。

私の目には福音宣教はその巻のテキストが目立つようにと二つの極を持つ。

一つ目は正確かつ説得力あるテキストの釈義と、それをその時代の社会的、政治的、個人的、人格的な挑戦にすることとの間の緊張関係である。説教では「二つの進め方」と言われ、これらが豊かにするのだ。説教は釈義を省略することはできないし、またその作業過程を長々と見せることもできない。何故なら今日の人々への宣教だからである。しかしこの作業を諦め、実だけを集めようとすることは、根っこを切断し、福音を一種のイデオロギーかジャーナリズムにしてしまう危険がある。つまり、これはしばしば正確なテキストの中に、引っこ抜いたままで聖書のメッセージを移し変えることになり、釈義の語り手はもっと謙虚でなければならないのだ。

もう一つの「極」は直説法と命令法である。この二つを宣教に表すことが大事である。福音は神が歴史の中で行動されることを宣言する。それは「恵みの歌」なのだ。

もう一方で、福音はこの恩寵を証言することへと呼び出し、「安価なもの」（ボンヘッファー）にしないように生きることを求める。この命令は「皇帝の厳命」ではない。我々の宣教は「励ましへの呼びかけ」なのだ。直説法と命令法は繋がっており、互いに呼び合う。この接合においてそれらはキリスト教メッセージの特殊性を創り出す。シンプルな聖なる物語でも、美しい典礼でも、戒めの集合でもない。恩寵から切り離すと硬直化し、単なる道徳論になる。もっと正確に言おう。グローバル化した人々への福音の宣教は、理解させるにはもちろん頭と、そして心に、感覚に訴えることが必要なのだ。つまりは意志にである。何故ならそれは動くことを欲し、行為及び変化に向けて始動するからである。

提示した説教はキリスト者信仰を生かしてきたメッセージの力と喜びの幾分かが通じるようにとの目的を持っている。我々は今日、成果主義の世俗化した社会でいかに信じるに足るものが少ないかを知っている。どんよりとしらけた教会は境に立ち、信用を失っている。おそらく他の時代よりも20世紀の悲劇の後、悪の問題は我々の同時代者たちを苛んでいる。我々は彼らの疑問に答えを持ってはいない。

我々の内にある確信と希望を証言するのみだ。神は過去のものではなく、今日も明日も生きておられるということを。

＊注を施したもの以外、聖書テキストはヌーベル・ビブル・スゴンド（ガリマール２００２ NOUVELLE Bible Segond）から引用した〔著者〕。

# プロテスタントからカトリックへ橋をかける説教――目次

## 第二部　祝いと出会い【記念礼拝他】　*107*

# プレリュード

## 霊性を求めて（ローマの信徒への手紙8：21―27）

諸機能によって我々は世界を支配し、つくり変え、月までも行き微生物も探求する。政治に情熱を燃やし、ある人々は1968年には行動を起こし、さらには「壁」が崩壊し、イデオロギーの変革に立ち会った。

多くの人々が自分たちの村で街で、学校で地域で社会生活に関わった。仕事で苦労し、失業やあるいは目標達成を目指しての責務の複雑さはしばしば達成困難であったり、重圧を課した。我々は状況の変化や新しい計画に絶えず備えていなければならない存在ではなかったか？

我々は家庭でも苦労した。喜びを、痛みを、葛藤を、失墜を生きてきた。また神学校で、教区で、組織で働き、会議を重ね、教会会議や委員会を開き、議論に賛成し、あるいは反対してきた。満足も見いだしたが、しかし失望も味わった。いずれ我々は限界にぶつかった。

何故なら全てが終わっても必要が残り、達成すべく残った課題の重みに何度も押し潰され、成功しなかったが故に疲労困憊したのではなかったか？　他者の反応に失望もした。何故なら闘いの意義と目的を見失っていたのだから。

## ＊霊性の回復

忘れられたテーマ、古い主題が浮かび上がってくる。長い間、深海に沈んでいた深海魚を思わせる。それは思いがけず興り、革命者同様神学者、教会の人々を驚かせた。霊性という古いテーマ。

確かにこの言葉は古いものだ。２世紀のテルトゥリアヌス（Quintus Septimius Florens Tertullianus, ca. 160 - ca. 220）に帰す。エキュメニカル計画の下、遅くとも１９７５年の教会会議以来、最初の構想に出てきた。ことがら自体は古い。信仰が古いように。しかし霊性は暗闇の中に放置され、私的領域内にありふれたものとして追いやられてはいなかったか？深水の底に沈んではいなかったか？　水面では他のテーマが教会や社会で世間を騒がせていたのに。

しかし期せずして浮上した。フランスでは社会学者たちが、教会は空っぽだが、多くの男女が祈っており、隠棲の場は空になることがないと認めている。神学者たちは、人は正しく考える理性的存在であるだけでなく、身体と魂を持っており、議論のためだけに生きているのではなく、沈黙、黙想、祈り、霊的成長のために生きると理解している。教会の人々は今までとは違った新しい賛美歌の、斬新な礼拝の必要を見出している。かくて我々は宗教改革の中心に既にあった精神に戻ってきた。我々は与えるだけではなく、受けねばならず、語るだけではなく、聴き、呼吸すべきなのだ。

我々は二つの塔の一つの門が閉まっており、その鍵を失くした人々のようではなかろうか？　どのようにすれば今日、沈黙のときを持てるだろうか？

祈りとは何を意味するのか？　内的刷新のためにどんな策を講じればよいのか？　「霊性」という言葉のもとにある「霊」とは何であり、どのように働くのか？　使徒パウロがローマ書で教えている（ローマの信徒への手紙8：21—27）。

＊霊性の始源、欲望

このテキストの光の下で、霊性とは第一に何であると言っているか——多くのことと同じように、欲望によってしか始まらないのだとするなら。全ては欲望によって齎《もたら》される。我々は祈るべきことを知らないとパウロは言う。付け足すことができる。「我々はどのように祈るべきかを知らない」と。教会、賛美歌集、祈祷集にもかかわらず。

しかし欲望は存在する――保護、内的沈黙、日常の怖れを乗り越えることへの。しかしてそこには常に全霊性の始まりが、さらには基礎があるのではないだろうか？知識でもなく、力でもなく、期待がある。真実への所有ではなく、神秘への求めがある！

パウロは、霊性とは聖霊の活動に自らを開くことであると言う。欲望だけが救いを齎すのではない。霊性、それは押し出し、かつ途につかせる。オルガンは風なくして鳴らない、ヨットは風なくして走らない。聖霊なくしては、我々は欲望の中に閉じ込められたままなのだ。聖霊は我々の欲望をうち破る。ロマン派がある種の精神を破ったように。「欲望を知る者のみが私の苦しみが如何なるものかを知る」とドイツの詩人ゲーテ（Johann Wolfgang von Goethe, 1749~1832）は言った。霊性とは聖霊の働きに自らを開くことだ。「霊は我々の弱さを助ける」（ロマ8：26）。

**＊聖霊**

しかし「聖霊の働きかけ」とは何を意味するのだろう？　どこに鍵が、道があるのだろう？

まずは言葉に、動作に、歌に、画像に、世紀を超えて具体化された体験に向くのではないか？　聖書の聖霊は抽象的、かつ内的霊ではない――ギリシャのそれのように。今日なお聖霊は言葉によって、画像によって、我々の弱さを支える。他方、聖霊はまた経験、言葉、代々手渡されてきた像のなかに閉じ込められているのではない。言葉にできない溜息であり、空間であり、新しい経験のための声であり、新しい形の創造者であり、各個人に向けての新しい生の主導者である。我々をどこに、道は、霊の風は導くのか？　誰も「明日、彼は霊性のどのような水の中で泳ぐのだろうか？」とは言えない。

## ＊どの目標に向かって？

パウロはいろいろな道のことを言わず、一つの目標を語る。「神の子たちの栄えある自由」だ。もし霊性が本当に聖霊の押し出しに任せることにあるなら、その状態のままに閉じ込めはしない。霊性の特徴は重くのしかかる不安から解放するだけでなく、自分自身から、その敬虔さから、業《わざ》から解放するのだ。もはや自分が自分がと言い募り、限りなく自分自身のことに執着する必要はなくなるだろう。神の子として生きるために解放されるとは、パートナーとして解放され、受け取り聴く者として生きるよう解放されることだ。神が持ち運び、私の言葉、感情、願いではなく、神が私に語るのである。

我々は神なき時代に生きている。しかし「我々の心は神の休息に入るまで休みを得ない」(アウグスティヌス)。我々は神ご自身をキリストによって知りかつ告白するのだ。しかしどのようにして父を見出し、どのような関係を持つのか？　キルケゴール（Soren Kierkegaard, 1813~1855）は言った。「私の祈りが次第に熱心に集中すればするほど話すことは少なくなり、遂には沈黙する。そして最後、最高潮に燃え上がるに反して聴くようになる。初め、祈るとは語ることだと考えていた。ところが祈りとは黙するだけでなく、聴くことだと学んだ。確かに祈りとは語るのでなく、黙り、沈黙し、待つことなのだ。神が聞き届けてくださるまで」。

## ＊宇宙的霊性

パウロのテキストに戻ろう。「創造物の全てが苦しんでいる」、「被造物もまた神の子ら同様、奴隷状態から解放される」。もし自由への願望、期待が私だけに宿っているのではなく、すべての人間にあるとしたら、何と言えばよいのか？　どのようにして我々は世界中が一つの村になるというグローバリゼーションの時代にこれを忘れることができようか？　アフリカ、そして我々の社会の周辺に生きる人々を忘れて、ヨーロッパの殻の中にどうして引きこもっておられようか？　他者の不幸を見過しにして、どうして自分たちの幸福を探すことができようか？　パウロが被造物について語るとき、それを人間に留めてはいない。動物、植物の自然が今日人間によって脅かされ、種が傷ついていることを視野におさめている。幸いと自由への願望は全被造物に宿っている。使徒は「連帯抜きの霊性はない」と理解させようとしている。全被造物の不安を考慮せずして、どうして聖霊に押し出されることがあろうか？　我々のためだけを欲すべきではない。我々の祈りの中に全被造物を加えよう。

確かに我々は現代の賛美歌や祈りにおいて新しい多くの「私」に向かって語りかけるが、同時にグローバルな時代にあって、宇宙的霊性の道を歩くことへと召し出されている。祈り、それは全被造物と共に、それらのために祈るのだ。

父、子、聖霊なる神に支えられつつ。

# 第一部　救いは布告され現実化され祝われる

【教会暦による説教・黙想】

## 《待降節》マリア――選ばれ信じる者（ルカによる福音書1：46―55）

### ＊聖書の中のマリア

何という対比であろうか！　マリアを天の后、信徒の母とする崇敬とプロテスタントの、とりわけ16世紀の改革者たち、讃美歌との違いは！　後者は彼女を遠景に留め、さらに全体的に包みかくす。聖書ではどうなのか？　聖書がどんなにマリアの人間性、弱さ、迷いを描いているかには驚く。それは長子を授かった家にはほど遠い家畜小舎という難しい文脈《コンテキスト》の中にある、次いでエジプトへの逃亡――要するに今なお我々が緯度下の人々、辺境にある人々、移住者に見出す生活なのだ。聖書はさらにエルサレム途上での子の行方不明についての母の不安を伝える。三日間、ヨセフと彼女は十代になった子を探し回り神殿で見つける（ルカ2：41）。カナではイエスは母の頼み事に対して叱責する（ヨハネ2：4）。そして遂には絶望する十字架の悲劇がある――彼女は立会い傷つき絶望する。イエスの復活と昇天の後、弟子たちの中に再び見出される以前のことである（使徒言行録1：14）。

彼女は神に選ばれた女性だ。「身分の低い、この主のはしためにも目を留めてくださったからです」（ルカ1：48）。神の選びについては何の説明もない。マリアは世にも類まれな美女だったのか？　実際にはそんなことはない！　知的であったのか？　これは確証され得るが、常に全てを理解したわけではない。彼女は教父や改革者たちが言うように、イエス・キリストを宿すため、世にもたらすため、神の母となるために選ばれたのだ。このことはイエスが純粋な霊や、思想や、理想としてではなく、人間存在として、一人の女の身体を通して来たのだということを思い起こさせる。

## ＊マリアの信仰

我々はマリアではない。彼女はイエスを世に身体的にもたらした。しかし我々は皆、イエス・キリストを持ち運ぶ存在として招かれているのではないか？　各人が彼を受け取るように呼び出されている。神秘主義者たちは言う。「もしイエス・キリストが千回生まれたとしてもあなたの中にではないのなら全ては空しい」。マリアは神に選ばれた人。しかし我々のテキストはまたマリアを信徒としても描く。マリアは信じる。天使が彼女に語ったのだから。アブラハムのように。

「マリアはこれらの出来事を全て心におさめて思い巡らしていた」(ルカ2：19)。

信仰とは英雄的に神へと昇ることではない。信者は神の神秘にもぐりこむのではない。約束にしがみつくのである。老いたアブラハムとサラにこそ、全ての蓋然性に抗して一人の息子が約束された。

かくして乙女マリアは子を持つ。聖書の人々は常に彼らに約束された神を信じるというわけではない。サラは笑った。洗礼者ヨハネの父、ザカリヤは疑った。マリアは驚いた(ルカ1：34)。しかしサラとは異なって彼女は笑わなかった。神の声は神秘的なものであると知っていた。「神の知恵は人には愚か」とパウロは言う。「神は曲がったラインで直線を描く」とクローデルは言う。

マリア物語の最高の奇跡は彼女の信仰ではなかったか？　母となると信じたのだ。約束を信じたのだ。この信仰は押し黙ったままではなく、心に深く入り込んだ。マリアは答え、語る。従順を言い表す。「私は主のはしためです。お言葉どおりこの身になりますように」(38節)。サラの笑い、ザカリアの疑いに代えて、示された道を歩み出す。信仰も、いつも歩き方があるのではないだろうか？　道をたどり前進して行く。たとえ何のためか、その理由と目的を知らずとも。神への信頼のうちにあって、それを為し導きに任せる。この信仰は賛美の道を行く。賛美とは何だろう、自分自身から脱出することでないとすれば。

**＊マリアは恵みを歌う**

マグニフィカートが世々を通じて鳴り響いたことは驚くに価しない。バッハその他多くの音楽家たちが時代を超えて作曲し、キリスト者の心にそれを刻み付けてきた（49―51節）。

マリアは何と神を喜びたたえていることか。自分自身に焦点をあてず、向き直った神へとそれを向けて！　我々も自分を忘れて賛美が沸き立つようにと招かれている。アウグスティヌスいわく「歌う人は二倍祈るのだ」。マリアは神ではない。他の人間たちと同様、恵みを受ける。しかし神は彼女を世に送り出すために選んだ。彼女をほめたたえるためではなく、神の恵みの大きな印として尊敬するのだ。おそらく彼女は我々を励まし、また自分たちを神としてしまう考えを訂正する。常に我々には、神を力に満ちた強い男性として強調する傾向があるのではないだろうか？　しかし聖書は神の優しさを語る。「母がその子を慰めるように私はあなたを慰める」（イザヤ書66：13）。マリアはこの母性と神の優しさを証言する。
人生でつらい時、このことを我々は必要とする。

## ＊キリスト教と母性

マリア、それはまた優しさと甘さをもって人間に語りかける教会の原像である。彼女は気むずかしい不平家の継母ではない。キリスト教史は秀でた女性たちで満ちている。オディール（アルザスの聖女）、アウグスティヌスの母モニカ、オーベランを助けたルイズ・シュプレー・マリー・デュラン、彼女は38年もコンスタンスの塔に幽閉されても信仰を失わなかった。

しかしながら決断し、語ったのは頻繁に男たちであった。にもかかわらず、信じ告白する教会の初めは一人の女性であった。女性たちは家に居て料理、育児、教会ではせいぜい小さな二次的活動をと考える人々はマリアの賛歌の破壊的調べをきくがよい（ルカ1：51―53節）。世の論理を何と大胆に疑問に付していることか！ 宣言しているのは女性なのだ！

我々の物語では男たちは黙り、眠り、逃げ去っている。

マリアは目覚め、語り、信仰を告白し、神を讃える。

## 《降誕節》信仰のクリスマスを求めて

降誕節の祝いは4世紀半ばには広がりキリスト者たちは異教の礼拝への勝利を表そうとした。降誕節を祝う、それは勝利の神、闇の中への光の到来を祝うのだ。私はクリスマス時の喧騒をよくは知らないが、今日異教の神々は雪辱戦を果たしているようだと、ある人々は主張する。しかし私の眼目は他にある。

＊隠れた神

降誕節、信仰が裸になることである。印や明白さの助けなしに、羊飼いたちの道筋はキリストへの道を示す言葉を拠り所とする信仰の歩みであった。家畜小舎の中にも周囲にも奇跡はない。神の真実の証拠をつくり出せそうな革命の始まりではない。羊飼いや博士たちの世界にはカリスマの入り込む余地はない。誰も第七の天に上げられはしない。幼子イエスに触っても誰も癒されはしない。神が人間イエスと結びついているというメッセージ、言葉があるだけである。しかもこの人は何もしなかった。一人の幼子に過ぎない。彼が行動するとき、十字架の衝撃が奇跡の不思議さを覆い隠した。キリスト者の背信がキリスト教の実現を否定したように。つまり我々は御言葉を信じる信仰に、馬ぶねの中に、十字架の上に隠れる神についての賭けに常に留まり続けるということなのだ。神は人間の歴史と混同せず、人間を、まして全人類を神格化はしなかった。しかし歴史の中心に一つの御言葉を鳴り響かせた。弱さの中にあらわれる神に委ねきることへの招きを。

## ＊宥められたプロメテウス

我々はプロメテウス（Promētheus）のように、与えられた存在に、運命の神に、抑圧を感じる伝統に抗して天の火を勝ち取りたいと望む者たちだ。自分たちで生を建て上げ、それに意味を与えたいと願う。そもそも世というものが、最も積極的な意味でプロメテウスの道を突き進むのだ。

しかしクリスマスにはプロメテウスは異議を唱えられ、鎮められるのだ！　どういう意味か？

それは人間を使命なしの受身に、責任なしの感傷主義に、努力なしの快適さへと引き込むのではない。

そうではなく喜ばしくも断言するのだ、人間は人間でありうると。神がおられ、しかもこの神が人に与えられたのだから、抑圧的運命としてではなく、愛の解放者として、と。

人はもはや神秘的努力によって自分を見失うことや、知的探求で神を見出すことを強いられないし、自分の生を義とし、意味付けするために熱狂的に仕事や成功へと追い込まれることもない。全てを無代価で受け取るのだ。神の平和と生の意味を。何故ならひどいこの世の中で、一人の人がことがらを明らかにしてくれ、人間の歴史に意味を与えてくれたのだから。神学及び賛美歌の長い伝統は我々のかたわらにある神の働きの恵みを限りなく強調した。「私が生まれる以前に、私のため

にあなたは居てくださった」とルター派のポール・ゲルハルト（Paul Gerhardt, 1607~1676）はうたった。

また1974年にはルイ・レヴリエがさらに視野を広げて見せた。「世が生まれる前に、海が浜に砂を置く前に既に、おお神よ、あなたは我々の人間性をあなたの像につくることを定められた」（讃美歌集アレルヤ32の14）。我々のメッセージは、この恵み深い先行性を吹き消さないようにしよう。人間につながる神の外部性というテーマに合流しよう。西洋の伝統のすべてが神をもはや人間良心の属詞や投影にしかすぎない存在として還元したわけではない。それでもやはり人間イエス、また彼による神は我々各人に固有の堅固さの内に認められるのだ。我々はイエス・キリストを考えつかなかったし、創造したわけでもない。彼はそこにおられ、その言葉は外側から我々に届き、我々をつくりあげ、軌道に乗せ、一つの物語をつくりあげてゆく。今日の証人たちのメッセージ、我々の良心につながる聖晩餐のワインとパンの互換性は、歴史のイエスの恵み深い外部性を延長し、我々のために、己の自己中心主義や夢想や幻影から出ることへと招く。我々自身の外部的現実へと接続させるために。

聖晩餐によってクリスマスを祝うには理由がある。恩恵の恵み深い先行と、神の自由な外存性とが我々を卓へと招くのだ。

**＊イエス・キリストの二つの馬小舎**

歴史のイエスと御言葉のキリストと、信仰につながる聖礼典を評価することが重要だとするのなら、だからといって、その中で主が生まれ生きることを願われる、もう一つの馬小舎を忘れないようにしよう。

我々一人一人だ。魂の中でのキリストの誕生という神秘的な古いテーマ！　これは宗教改革以来しだいに根をはってきた。人はもはや降誕物語や古代教会の賛美歌の厳かでかつよくわかるやり方に留まっては居ない。信仰者としての「私」の登場。信仰者である私のため、受肉の意味が解き明かされ、信仰告白によってそれに答えることが大事なのだ。「人間の良心によってかきたてられない真実とは何か？」と20世紀のジャン・サリバンは問うた。やり方の危険性が出てきた。前面に「我」を置きすぎて、敬虔主義者やロマン派の人々はキリストよりも彼ら自身の魂の状態を歌おうとした。20世紀に我々は反応した。「賛美歌の〈我〉は嫌悪すべきだ」と布告するほどに。今日、我々は教会賛美歌の中では、より新しい主体性に道を譲っている。つまり魂の状態と感情に。

しかし神秘主義者、宗教改革者、敬虔主義者たちは何を願ったのだろうか――我々を降誕劇や教理的なだけの、さらには神話的クリスマスから守ろうとする以外に。彼らは我々を、出来事を人格的に生きることへと招きたかったのだ。つまり、キリストは我々のため、われらの生のためだと言いたいのだ。これはしかしクリスマスとキリスト教とを私的領域におさめ、内的にしてしまうことなのか？　私のためだけ、クリスチャンだけ、信徒だけの喜びなのか？

否！　なぜ強調しないのか――キリスト教信仰は普遍主義的ヴィジョンを前提とするのだと。

クリスマス、それは確かに親和的なものだ。しかしまた宇宙的なのだ。

**＊クリスマスの宇宙的ヴィジョンに向かって**

宇宙を通して私は世界全体がキリストの喜びの内にある存在と事柄なのだとわかる。我々がクリスマスに祝う出来事は私の魂の内に留めおくには広大すぎる。それは私の身体と我々の社会参加に焦点をあてる。

全宇宙を目指すのだ。文化的キリスト教的事実というより新しい創造の始まりなのだ。「あなたの誕生を祝って全宇宙が集合し、太陽として昇り来るイエス」（さんびか集アレルヤ32の6）、「あなた方全ての被造物よ、とりわけ第一のものとしての人間よ、神の子のために生きよ」（同上32の18）。これは直説法である。イエス・キリストは新しき人間であり、自分自身と神と他者と創造の全てと和解した人間である。創造の息への応答はもはや歴史のはるか遠くにではなく、人間の歴史の中心に、ユダヤ人、ナザレのイエスの運命と、その像の中にあるのだ。

これはまた命令法である。我々の宗教的自我を含むエゴイズムを乗り越える命令は馬小舎を出て、苦しむ被造物へと、ベツレヘムの周辺から、我々の社会の疎外された人々へと赴かせる。「羊飼いたちは羊を残して出で発つ。エルサレムの高貴な人々、ベツレヘムの役人たちの下へではない。家畜小舎の貧しい人々の下へである。このへりくだる人々に栄誉を帰し、仕え、人々が彼らに頼むことに精一杯答えたいのだ。その貧しさは我々に、隣人たち、そして最もまずしく困窮している人々の中に彼を見出すことを教える」（ルター）。

だからクリスマスには、神秘、倫理、親しみ、普遍主義、恵み、誓いに戻ろう。

（写真 Van Limburg brothers 1375 - 1416, Announcement to the Shepherds）

## 《公現節》起きよ、光を放て（イザヤ書60：1—6）

＊起きよ

私は兵役時の起床を思い出す。早朝、30人の兵士が眠る宿舎で一人の兵士が入って来て声を轟かす。「起きよ！」。我々は熱意なく立ち上がる。誰が我々の日々の大部分を占めた、毎日の憂鬱、終わりなき訓練、賦役、厳しい規律を好んだろう？　人生には幸いにも、人に向かって立つようにと促すほかの呼び声がある！　囚人に向けて何と活力を与える呼びかけ、「獄屋の戸は開いている。おまえは出られる。立て、行け！」。医者の病人への言葉、「あなたは今や歩ける。骨折はなおった。歩きなさい！」。転んだ子供を抱き起こし慰め立たせる母親の声がある。そして公現節には我々が聞くべき神の語りかけの言葉がある。「起きよ、輝け、あなたの光は到来した」。これは「そこに立て！」という兵士の言葉ではない。クーエのメソッドである「最善をなすべし！」という倫理的勧告でもない。眠り込んでいる不忠実なイスラエルの子らを起こすシナイの雷ではない。命令法にもかかわらず、恵みの言葉なのだ。眠り、無感覚の死のような時は過ぎ、我々をまっすぐに立たせる父の声。この励ましの強さに注意深くあろう。自分の過去の眠りに、郷愁に、存在しない闇の中に留まることはできない。「起きよ、光はそこにある！」。融和的な小さな人生に安住していることはできない。新しさ、熱心、超越が場を持たない、ガタンゴトンと音たてる日常の中には。「光はそこにある！　起きよ！」。疑いに食われるに任せてはならない。ましてや悪全体に。それは神を、あるいは運命や人間を咎め、全てを疑問に付し、滅びの中に眠り込むことだ。「起きよ！　光はそこにある！」

不確かな将来に、熱いあるいは冷たい戦争から、また不況や危機からくる不確かな将来によって自分を傷めてはならない。「起きよ、光はそこにある！」

確かに、疑いは我々の心の中に住んでいる。そしてこう言わせるのだ。「立つことが何になる？」

多くの人々が期待して組織や政党に加盟し、計画に熱狂して歩んだ。彼らは人生の黎明期を、我々が若い時にそうしたように歌いながら歩んだ。「夜明けの風の中を進もう」と。しかし消える星のように彼らは不明と無関心、懐疑と疲労に落ち込んだ。この世には消えた情熱、失脚した権勢、壊れた理想が山ほどある。

## ＊天は開かれる

しかしごく近くに全てはある！　我々は問題の真ん中におり、さらに正確に言えば福音の中心にいる。

我々への「歩け、光であれ」という励ましは、後に一人の人間あるいは一つの組織が我々に一つの目的、さらには一つの理想に従わせようとする多くの召喚とは全く異なる。おそらく我々は部分的には達成したのだ、途中で留まらなかった限りにおいては。しかし理想は魅力を失い、色あせた。日常生活の味気なさが再び戻ってきた。このテキストのメッセージは全く異なる。神は言わない、「理想に向かって歩け、それを追い、実現せよ」とは。こう言うのだ。「光は来た。主の栄光は汝の上に輝く」。あなたはもはや眠ってはいられない。疑ってはいられない。陰鬱さに沈んではいられない。何故なら天は開かれたからだ。神は公現した。地上に、人間的エゴイズムの陰鬱とは全く異なる一人の人がおり、地上的伸展の、過ぎ去ってしまうつかのまの輝きとは異なる方がいた。この方は神の栄光が立ち昇る場所にいた。ヨハネ福音書はこのテキストを響かせている。

「言は肉となって、わたしたちの間に宿られた。わたしたちはその栄光を見た。それは父の独り子としての栄光であって、恵みと真理とに満ちていた」（ヨハネ1：14）。

これは我々に最初の証言を告げ、長い歳月の流れにある全ての人々もこの光めざしてやって来たと告げるのだ。彼らは公現節のメッセージの一部分をなす。【イザヤ書60：3―6省略 国々はあなたを照らす光に向かい／王たちは射し出でるその輝きに向かって歩む。目を上げて、見渡すがよい。みな集い、あなたのもとに来る。息子たちは遠くから／娘たちは抱かれて、進んで来る。そのとき、あなたは畏れつつも喜びに輝き／おののきつつも心は晴れやかになる。海からの宝があなたに送られ／国々の富はあなたのもとに集まる。らくだの大群／ミディアンとエファの若いらくだが／あなたのもとに押し寄せる。シェバの人々は皆、黄金と乳香を携えて来る。こうして、主の栄誉が宣べ伝えられる。】それは世々の人間、貧しい人、富める人、小さき人、偉大な人の大きな歩みなのだ、キリストへ向かっての。

＊闇だけではない

確かに闇は存在する。我々のテキストはリアリズムを以ってそれを描き、我々の心は共鳴する。

戦争があり、町や村に公害があり、暴力の増加があり、経済危機があるのは本当だ。この事実は我々各人を恐るべき逃れ得ない責任の前に置く。しかし、このことが公現節の祝いを止め、我々に立つのをあきらめさせることになるのか？　天は開かれ、神は人間に現れたというのに。我々が集まっているこの教会で、我々以前に祈り、歌い、自分たちの

信仰を告白してきた全ての人々と共に歩くことを止めねばならないのか？　ある種のヨーロッパ的宣教形態を弾劾しつつも、少なくとも世の救い主キリストを信じ続けるアフリカの人々と共に歩くことも止めねばならないのか？　否である！　地を覆い暗黒が包んでいる闇だけがあるのではない。我々の失敗、失墜、嘆き、疑いだけがあるのではない。彼がおられる、主。

「しかし、あなたの上には主が輝き出で、主の栄光があなたの上に現れる」（イザヤ書60：2）。

消えることを望まないクリスマスの光の最期の突出だけがあるのではない。真実、我々に強く思い起こさせる、クリスマスの深く宇宙的かつ普遍的な意味がある。今やキリストに向かってくる人々はもはやイスラエルの羊飼いたちだけ、選ばれた者たちだけではない。「異邦人」たちだ。確かに博士や王たちではあるが、それでも選びの民の出身ではない。つまりこうだ。神の栄光の稲妻はもちろん的確な場所に輝いた。馬小舎はユダヤの人々の中心に飾られた。イエスはユダヤ人マリアの息子だ。しかし稲妻は全人の地平を照らす。そこで起こったことは普遍の扉を開いた。

＊選択のとき

公現節（Epiphany）、それは世に現れる神の栄光であり、人々はキリストに向かって歩む。しかし我々各人にとっては選択のときでもある。観客に留まって、他の人が歩くのや、我々の足元や、他の大陸のキリスト者をもはや眺めているときではない。光がそこにある以上、自分自身が光になるのか、闇の中に身を潜ませるのか、光の子となり、公現節を明らかにして行くのか、陰鬱や闇を好むよりも。自分は歩く東方の博士のそばにいるのか、嬰児殺しのヘロデのそばにいるのか。このメッセージを聴こう、

「起きよ、あなたの光は昇った」。

（写真 Jan van Eyck 1390 – 1441, The Ghent altarpiece: Adoration of the Lamb）

## 《受難節》イエスの試み（マタイ4：1―11）

### ＊試される時

イエスには受洗後、試みが来たと我々は読む。天からの声は宣言した。「これは私の愛する子、私の心に適う者」（マタイ3：17）。かくて声はさらに「さてイエスは悪魔から誘惑を受けるため、霊に導かれて荒れ野に行かれた」（4：1）と続く。このことは、教会としてキリスト者として我々にも関係する。我々は一年中、降誕節のすばらしさや安らぎを味わい得るというわけではない。降誕節の後には、また公現節の後には受難節が来る。悔改め、受洗の恵み、キリスト者となった喜びの総体の後には試みと誘惑のときがある。

実際、「全ては許されている、しかしそれだけはごめんだ」と我々が考えるなら、人はそれを「誘惑」とは言わず「試み」とだけ言うだろう。だから人生においては皆が善であれ悪であれ、新酒か、よく寝かせたワインかのように試されるに違いない。道を知った者だけが「誘惑」から顔をそむけることも、それに陥ることもあり得るのだ。

**＊イエスとサタン**

テキストはイエスの誘惑を告げる。イエスの物語の特殊性を考えれば、この「誘惑」を、その深みと神秘において真にとらえるのは難しいことである。他方、ある意味で我々はこの物語に出会い、巻き込まれても居る。何が我々をイエスに結び付けているのかといえば、彼が我々と同じ人間であったということである。たとえ神御自身がユニークなありようで彼に結びついておられたとしても。彼は人であるだけではなかった。しかしキリストと我々は誘惑のもとに置かれ、つまりは我々を真の神から引き離そうとし、偶像と置き換えようと欲し、怯えさせる力にさらすのだ。その昔、とりわけ啓蒙期のヨーロッパでは悪魔は笑いの種であった。こわがらせるために、しばしば角と二又を持った姿で表象されたものだ。「啓蒙された人たち」は笑っていたのだ。今日、我々はもう笑うことをしない。たとえ過去の民話的イメージを払拭したとしても。我々は知りすぎている。悪魔的勢力、人間生活の崩壊、絶えず変わるその仮面、20世紀全体主義に、また平穏無事なときにも開いた悪の地獄。また神と悪魔に従属する過去の信仰から解放されている存在だとえらく自慢する理性的ヨーロッパのあちこちに悪魔的礼拝が出現したことを知っている。しかし今日誰が、小話や過去の伝説中で、サタンや悪魔的力を並べて見せることを喜ぶだろうか？

## ＊誘惑者はパンを与える

物語では誘惑者はどのように振舞っているか？　サタンはイエスに一つの提案をする。彼はイエスに助力を申し出る。全く閉ざされていると思われる状況の中での解決と展望を述べる。商品を売り、契約をとりつけたい商人のように。40日の断食の後、イエスは飢餓で死にそうになる。

「神の子なら、これらの石がパンになるように命じたらどうだ」（3節）。

これが悪魔の言だ。「他の人間たちよりはずっとましにできるはずだ。権力を、お前の法を使え」。われらのもとへも来てこの物語の誘惑者のように語る。ことを動かそうと交渉相手にお世辞を言う。真実や善を犠牲にして。

「何故他の者たちと同じようにしないのか？　たとえ善から外れるにしても。生きる権利を持っていないのか？　必要なら殴ってでも自分を守れ！」

## ＊意のままになる神なのか

次いで悪魔は神殿から飛び降りることをイエスに命じる。

「お前の足が石に打ちあたることのないように、天使たちが手でお前を支える」。

しかしこれは神を、その奉仕の故につかむことになるのでは？　我々は手早く買い物をすませようとタクシーを、レストランでは給仕人を呼ぶ。テキストによって言及された誘惑がよくわかる。神は常にわれらに仕える存在であるべきではないのか？　人生の大いなるとき、つまり誕生、結婚、葬りを記念しもするが、病気でおちこむときはこう叫ぶ。「我を癒したまえ、救いたまえ」と。たとえ「神は人が必要とするときだけの傘のようなものではない」と知ってはいても。では我々の期待に答えない神とは何か？　癒さず、愛する存在を取り上げ、我々の足が人生の石ころで打たれるとは一体何なのか？

## ＊権力の誘惑

三番目の誘惑が生じる。最期の最大のものである。誘惑者はイエスに世の全ての国々とその繁栄ぶりを示して言う。

「もし、ひれ伏してわたしを拝むなら、これをみんな与えよう」。

全世界、それは人々の社会生活と世の歴史の全てである。イエスはこの全てを神に帰するために世界に来られたのではなかったか？　それは惨事と苦しみなしでは不可能なのか？　我々は自分たちの小さな人生において、この種の大きな苦しみを知っている。政界に限らない権力の誘惑である。それは政治的社会といわず、家庭にも、教会組織の中にも起こる。誰が権力を、栄誉を、社会的にも影響を及ぼせるほどのことを嫌うだろうか？　むろん我々は口角泡を飛ばして言うのだ、「これを通して隣人に仕えるのだ」と。しかし権力は非常にしばしば自分たちの栄光に仕える。奉仕者である前に！

＊十字架をせがむ？

誘惑者は何かを与えたがるだけではない。最後には取り去り、壊すことを望むのだ。我々はイエスの誘惑物語の中心に来た。誘惑者は我々から何をとりあげようというのか？　イエス・キリストを救い主として所有することを！　イエスを神なしの、ただのキリストにしたいのだ。確かにパンと奇跡は所有するが、神の言葉ではないただのキリスト、甘く優しい神を告げるただのキリスト、彼なら我々の欲望を、各人を充たしてくれるだろう。このキリストは我々が意のままにできず試すこともできない真の神については語らない。

しかし単なるキリストはこの世界で、十字架以外のことを見出し、神を崇めもせず、反キリストになってしまうのだ。我々はこの誘惑を理解できる。我々は期待してはいないか？イエスは人生の否定的面、特に苦しみと死を全く滅ぼしてくれるだろうと。そうでなければ救いとは一体何なのだ、世の飢餓をないものにし、石をパンに変える方ではないのか？我々は期待するのだ——彼、あるいは神が保護を、とりわけすこやかさを与えてくれることを。多くの人が年頭に願い、口にする言のように。もしキリストが力を以って世をキリスト教化してくれたなら何とすばらしい解決になるだろう！ 十字架を取り除いて、信と不信の闘いに決着をつけて。

ドストエフスキー（Fyodor Dostoyevsky, 1821~1881）は物語「大審問官」（『カラマーゾフの兄弟』）の中でそれを力強い手法で描いている。何世紀か前にスペインで一人の男が囚人となった。大審問官は彼の中に身をかくして世にまい戻ったキリストを感じとった。しかし弾劾するのだ。「どうしてあなたは悪魔の申し出に否と言ったのか？ 今日人々は飢えている。キリスト教化された世界なら法と規則が支配し、権力は善人の手に託されるはずだ。何故あなたは戻ってきたのか？ 我々教会はあなたがしなかったことをやってきた。権力を行使し、空腹を互いに満たし、奇跡を起こして人を癒す。我々はあなたの名によって為し、好評を博している」。イエスは大審問官に答えなかった。接吻を与えただけ。答えは十字架の道を与えただけである。世を支配することを願わず、救うことを願ったのだと示して。キリストは荒野ではパンの奇跡を諦める。神殿の祭りでは奇跡の見世物を諦める。山では服従と栄光の道を行くために栄光を諦める。イエスはヘラクレスでもスーパーマンでもない。オベリスクでもハリーポッターでもない。彼の道は、その力の神秘は十字架によって、ただ十字架によってだけ進む。しかしそのようにして彼は誘惑者に勝つのだ。

我々はこの道を、この神秘を、この生を受け入れることを好むだろうか？　あるいは、相変わらず力のある教会、奇跡の教会、キリスト教化された世界、苦しみ、病、飢えのない幸いな人生を夢見るのだろうか？

**＊神の言葉を以って誘惑を克服する**

イエスの試みの物語は我々にイエスがどのようにしてそれを克服されたかを物語る。彼は誘惑者に神の言葉の助けを以って打ち勝たれた。イエスでさえも御言葉に頼っておられる。

「人はパンだけで生きるものではない。神の口から出る一つ一つの言葉で生きる」（4節）。

この言葉を、テキストが示すように、悪用してゆがめることもできる。悪魔は全く巧みに用いた。彼は聖書を熟知している。このことについては最高の神学者といえるほどだ。しかし彼の聖書の繰り返しは、彼がその言葉を以って議論することに十分に満足していないことを示している。聖書の言葉を引用しつつ、わき道にそれてしまうことはあり得るのだ。われわれは道からそれないだろう、聖書の言葉を聖書が語ったままに聖なる神と十字架に結びつける限りにおいて。

そのような言葉の記憶、たとえば週の言葉を日々呼び起こして記憶に刻み付けるならどういうことが起こるだろう？　特に渇いたとき、絶対他者が我々に語り、それを受け取ることだけができる一つの御言葉にしがみつくことは決定的ではないのか？

我々のテキストは次の言葉を以って完結する。「そこで、悪魔は離れ去った。すると、天使たちが来てイエスに仕えた」（11節）。全ては終わりを持つ。試みであってさえも。守られたことを再発見する時が来る。我々はイエスのように、イエスと共に、試みと誘惑のときを渡り切り、彼の内に喜びの確かさを見出すことができるだろう。

## 《枝の主日》エルサレム入城（ルカ19：29―38）

**＊パレスチナのエルサレム、そして我々の国フランス**

エルサレムは今日危険な街、分断された街、権力闘争の街である。イエスの時代はこうであった。ファリサイ人がサドカイ人と議論し、ユダヤ人はローマ人に対抗していた。エルサレム、諍い、憎悪の街、そしてキリストの墓について議論するキリスト者がおり、複数の衝突の場であった。しかしそれはエルサレムの場合だけであったろうか？　アルザスにおいて、我々は長い歳月、数百万の死を犠牲にして争ってきた。一つの地方、町々村々でカトリックとプロテスタントが、また教会の中でも同時に争うような中で我々は生きてきた。教会事務所を同じ建物内で使うとか、死者の葬りのための墓地の問題など。加えて今日、外国人嫌悪があると思われる。イエスの時代、ユダヤ人たちがローマ人を忌み嫌ったように。我々の家庭や教会でもそれぞれが考えを持ち、あるいは他人に強いる葛藤が見られる。エルサレムを眺め、この引き裂かれた苦しみの街について涙を流すには及ばない。たとえこの街が一方ではキリスト者の記憶の尊い場所であるにしても。エルサレムは我々の町の最も小さな場所の中心に存在する。たとえ人々が語らず、報道の対象とせずとも。

《枝の主日》エルサレム入城

＊イエス、エルサレムに入る

けれども今朝我々が集うのはエルサレムの悲惨、あるいは我々自身の場所で知る悲嘆のためではない。

今読んだばかりの物語が福音を宣言するからである。イエスはエルサレムに入られたと。しかしあるとき、イエスはこの街について泣かれた(19：41)。今日はそこに入ろうというのだ。遠いガリラヤに隠れたままでおらず、オアシスの蔭に、あるいは声の届かない静かな山にひきこもることをせず。パソコンを背にした教会会議の中に、書斎に、穏やかな家庭の団欒に留まらなかった。イエスはエルサレムに合流される。人間の嘆きの場所に。人間のための神の計画を成就するためだ。イエスであるが故に。誰でも良いというわけではない。イエス、彼は神からの派遣者であり、その深層部に神が居られ、我々キリスト者は「この方こそ神の子」と語るのだ。

＊神は権力なしに来る

主は政治的目的を持って来られるのではない。町の政治家たちが今まで以上に義務を果たすようにと激励するためでもない。彼は暴力、売買春、ドラッグについて完全有効な提言を持ってはいない。賑々しさや武力、権力なしに来られる、驢馬に乗って。入城の際には弟子たちにこう言わせる「イエス、ガリラヤはナザレの預言者」。武器なしに穏やかに手を広げて、驢馬に乗り、そしてことを起こされるのだ。服や小枝が道に敷かれる。人々が歌う。暴力が止み、権力腐敗が終わる。人々は顔をあげ隣人を見、侮辱と嘆きを止め、歌う。

＊彼は人間存在を必要とする

イエスは一人でエルサレムに入られたのではない。隕石のように窓から落ちてきたわけではないし、嵐のように不意にでもない。人々の平和と調和の印である驢馬に乗り、そして他の人間たちと一緒に入って来た。ある意味、エルサレム入城は人を必要としたと言える。物語は平和の王子として入るために必要な驢馬探しのため、村への二人の弟子派遣から始まった。驢馬、道、着物をしくための人が必要であった。入城者が誰であり、何を望んでいるかを言うための人間が必要であった。彼は我々各人を必要とする。イエスはエルサレムに入る。これは神の計画であった。即ち、人を平和ならしめ、新しくし、共に集うためである。これは教会の機能ではないだろうか、使徒の時代から今日に至るまで。主の道を備え、証言し、与えられる愛と平和を分かち、永遠にこの方のものであるメッセージを伸展させ具体化してゆくのだ。

＊教会についての我々の計画

しかし全く危険な道であるエルサレムへ、つまりは我々の町や村へ、我々はどのようにして上るのか？　送り出し安心させる一つの言葉なくして。今日もこの言葉がなかったならば。これこそが疑いと葛藤の中で安心させ強固にする。この言葉の下、常にかつあらゆる場所へ派遣される。御言葉を聴くことは教会とキリスト者の生命の中心であり、我々は教会との契約の内に生きている現実を伝えるため呼び出される。二千年前パレスチナで、主は一頭の驢馬、木の枝、歌、行進を以って、エルサレム入城を記すのに十分とされた。

状況は変化した。車が驢馬に、パソコンが敷石に、教会と会議室がエルサレムへと続くほこり舞う道にとって代わった。牧師、長老、信仰問答指導者、奏楽者たちが初代の弟子たちを継いだ。しかし計画は常に、イエスに我々の町へ、生活の中へ、入って来ていただくこと。イエスが今日の奉仕者全般にもたらしたいことは、変わらず同じ福音であり、同じ生である。エルサレムで人々が素朴にやっていたように、喜びを歌い、出かけて行き、奉仕し、活動する人間存在が必要とされるのだ。今日、我々は彼らを再び見出す。彼らがキリスト者の礼拝は抽象的、内的ではないと教えてくれる。それは驢馬だけにではなく、活動する共同体、歌声、開いた手にかかわりを持つ。

＊平和のとき

主は信徒のためだけに来るのではない。彼が来るときには全ての町が集合するのだ。確かに全員が彼を信じるわけではない。しかしイエスは彼らに語られるのだ。我々もまた信仰を分け合っていない人々に語れと呼び出されている。「諸宗教対話」と呼ばれるもの。ストラスブールにはプロテスタントと同じ程度イスラムの人々がいる。我々は対話とイニシアチブをとる道を促進してきた。しかしイエスが来られたのは議論のチャンスのためだけではない。受肉の平和のうちに和解と兄弟愛のチャンスをもたらすためだ。

確かにエルサレムではまだ涙があり叫びがある。イエスがそこを歩かれたので聖化されたというわけではない。たとえ、キリスト者にとってパレスチナが特別な記念の場所であったとしても。それは一つの人間の土地なのだ。神御自身が人間の全ての地を越えて、天のエルサレムを築く迄は。

我々の徳や能力によらず、神の恩恵によって全宇宙が聖となり、全ての場所と人間が聖化されることを待ち望むのである。この方は癒し、新しくし、喜びと希望で人々を充たしたいと望み、人間に関心を持つ方だ。これが、我々がホサナと歌い、イエスと一緒に受難のときへと入って行く理由である。我々はイエスと共にエルサレムに入城する。平和と愛のアルチザン（職人）である方がおられる場所へと。

（写真 Pietro Lorenzetti ca. 1280 – 1348, Entry into Jerusalem エルサレム入城）

《枝の主日》エルサレム入城

## 《聖金曜日》すべては成就した（ヨハネ19：28―30）

＊事は成し遂げられた

「成し遂げられた」、敵どもは勝利し主を追い払ったとイエスは単純に言おうとしたのか？ 弟子たちの望みは十字架上で、墓で、すぐにも消滅したと言いたかったのか？ あるいは最後の苦悩の叫びと理解すべきか？ 身体的苦しみは耐え難く鎮痛剤は効かない。その苦痛は十字架につけた者たちへの拒絶と嫌悪を増す。「全ては成し遂げられた」、この言葉は私には次のように思われる。この受難の奥底に我々が引き込まれるもうひとつの印を持っていると。

実際何が成し遂げられたのか？ 何が終わりまで保たれたのか？ イエスの意志、神への服従、人々が死に至らしめているときにも揺るがなかった人間への愛の意図、その他には何なのか？ 主は失われた者たちのため、救うために来られた。聖なる神の意志を伝え、必要なら死に至るまで彼らと一つになって。ここに至って彼の目的にたどり着く。主イエスは死を追い求めたわけでも歓迎したわけでもない。正常な人間がそうするだろうか？オリーブ山の血と汗（ルカ22：44）叫びが示すように、我々皆と同様、死を嘆いた。また十字架上の苦悩（マタイ27：46）がそれを示す。

「我が神、我が神、何故私をお見捨てになったのですか」。

その苦しみは「梁が重みで裂ける音がするようであった」とルターは受難注解の一節で記す。イエスは死から逃げなかった。彼はエルサレムへの道を取る。救いの宣教を止めなかった。救いとは神の、人間への憐れみであり、神の国だ。イエスはその存在と振る舞いによって働き、宣教した。

＊イエス・キリストの受難を理解する

何世紀もの間、神学者たちは受難物語に分け入って理解しようとしてきた。彼らの思想構造を以って意味を解こうとした。たとえば中世ではカンタベリーのアンセルムス（Anselmus Cantuariensis, 1033~1109）はイエスを十字架の死によって罪ある人間のために神の義を勝ち取ったという主張を擁護した。神の要求を充たしたのだ、と。人間なる神の子だけがそれ

を為しえたと。確かにイエスの死は、我々は聖なる神の要求を充たし得ないという不安から解放する。しかしアンセルムスの概念の弱さは明らかだ。それは、神を、赦す前に代償の死を要求する救済者にしなかったか？ 受難は人間を代表するイエスと神との間での法的処方でしかないのか？ イエスの生と死は、人間の意志への合意だけを表すのではなく、神御自身の愛の意志を表しているということを人は忘れている。イエスが「全ては成し遂げられた」と言うとき、次のことを象徴している。神の愛は、人の罪よりも死よりも強く勝利した最後の瞬間を、全ての人のために、ただ一度与えたと。

多くの疑問が生じる。罪と死から解放する救いは、世界のために本当に与えられたのか？ 我々の個々の生に含まれる多くのありように矛盾しないのか？ イエスの、歴史的に特殊な人格と単純素朴な物語は、全ての人のためにただ一度という全人のための赦しの基礎をどのように理解させるのか？　多数の人にとっては、イエスはせいぜい、あまたの犠牲者の中の一人でしかない。二千年前のこのユダヤ人と、収容所で死んだ数百万のユダヤ人とどんな違いがあるのか？

我々はいつも死と、それを超えて神を怖れているのではないか？　各人は各人のありようで、自分の生において、教会の生においてイエスを十字架にかけ続けているのではないか？　誰がイエスのように言えよう？

「全ては成った」と。

＊悪の歯車は壊された

イエスの生と死において何が起こったのか？　第一に悪魔的歯車はこわされた。悪を引き起こす地獄のサイクルは失敗した。人間イエスにおいては、神の愛は止まず、曇らず、ゆがめられず、死のさなかにおいてさえも確かにされた。人々の上に効力なしには留まらない。人間の間に運命共同体はないのか？　善悪の中での、破滅同様、救いの中での連帯は？　我々は皆他者との絆によって生きているし、我々より前の世代とも親たちとも、仲間、隣人たちともつながって生きて居る。我々は生き、また憎しみと嘘に引きずられるし、もちろん罪にも。イエスの人格において、行動において苦しみにおいて、いつも彼は地獄的サイクルを壊し、かくして全人の生は変わる。世に与えられた場所ではどこでも何ごとかが根本的に変わり、また動き出す。扉が開き、道が開かれる。我々はもはや自分を義とする必要はないし、業によって自分を量ったり、自力で悪を克服するという永久的試みに場所を空ける必要もない。我々は真実一人の方に頼り、基礎を置くことができる。イエス・キリスト、あるとき悪を運び去り、勝った方。我々は絶えず人のアラを探し、その悪の土台を動かしてみるのを止めることができる、その人もまた神の愛の対象だから。その人は競争相手、ライバル、成功者、失敗者ではない。今後はイエス・キリストの十字架の光のもとでその人を見ることができるのである。

## ＊感傷と憎悪を超えて

受難物語は確かにデフォルメされている。一つの見世物にされてしまっている。ヨーロッパ人にとってはもはや一つの文化的あるいは社会的なできごとでしかない。音楽劇、芸術作品、そして休日。中世には聖金曜日にはイエスの死の起因として非難されるユダヤについての暴力劇が上演される日であった。人々は、共通して死を記念するこの日をしばしば手荒く扱ったのだ。ルターは初期著作において何度もこの類のキリスト者の行状を非難している。行く時代かに亘ってイエスの死と苦しみは感傷的な取り扱いと描写に陥ってきた。20世紀のいくつかの栄華もそうであった。これらは誤った足跡である。我々を自由にするもの、それは感傷ではないし、過去と今日、イエスをメシアとして受け入れなかった人々を憎むことでもない。我々を自由にするもの、それは我々を日々イエスの十字架の下に置くこと、我々を重くしている全てを、過去において苦しまれた方に託すこと、その中に安んじて生きること、そしてキリストと共に苦しみと連帯を受け入れてその道にかかわっていくことである。

（写真 Matthias Grünewald ca. 1480 – 1528, The Crucifixion）

## 《復活節》主はまことによみがえられた（マルコ16：1―8）

＊怯えた女たち

三人の女たち（マグダラのマリア、ヤコブの母マリア、サロメ。）は逃げ出し、震え、動揺し、怯えていた。彼女たちは急いで墓を見に行く。この物語は大きな喜びで終わるというわけではない。喜びの叫びはなく、正教会礼拝での復活祭の歓喜はない。恐れ、不安、疑い、そして昼夜何度も迷いに駆られるとは楽しいことではない。我々は人生で恐れないように、自分たち、家族、世、に襲い掛かるだろう病、孤独、死を考えないようにしている。ならば不安に怯え、逃げ出した女たちのこの物語は何なのか？　全く未知のものや新奇なものに出くわす者の常である、単なる恐怖に過ぎないのか？　復活祭のメッセージによって不安がらせ、問いを起こし、戸惑いへ呼び出して考えさせるためか？　それとも主イエスは死の腐敗によって消えたのでなく、生きているのが事実なのか？　ニーチェ他、近代の預言者たちが我々に信じさせたいと願ってはいるが、神は存在し死んではいないと言いたいのか？

イースターの朝の三人の女たちは墓に来、あきらめて、愛した主への最後の奉仕として葬りの備えをしたのである。昔の人がしていたように香料を体に施し、墓を整え、涙を流し、墓の静けさも味わった。これら全てが生を呼び起こしはしない。死が恐るべき限界、我々の夢、人生、計画を飲み込む深淵、存在の避けられない終わりであることに変わりはない。

＊空の墓のショック

我々は皆墓の傍へ行く。父を、母を、ときには早世した子供を葬る。愛情の絆、永遠に折られてしまった親しさを葬るのだ。まだ一緒に話したり、したかったことは山ほどあったのに。「誰が墓の入り口からあの石を転がしてくれるでしょうか」と、この朝女たちは訊いた。しかし我々はといえば、互いに尋ねあったろうか？　我々の道の石を誰が持ち上げてくれるのか、誰が分離、孤独、悲しみの重圧にもかかわらず、乗り越えて進むことをゆるすのか？　三人の女たちは空の墓を見出すが、そこにはもはや香料を施した屍はなく、入り口の石さえもなかった。注解類は、これについて理性的かつもっともらしい説明を欠いてはいない。不可解という以上の不安を抱かぬよう、死は死だとするために。才気走った人々は、女たちはひどく動揺していたのだ、墓を見間違えるほどに、イエスが葬られたのとは違う墓に行ってしまうほどにと、想像をたくましくする。イエスの身体は盗まれたのだと言う人もいる。つまり決して発見されなかったと言いたいのだ。確かに空の墓は一つの実証ではない。イエスはよみがえられたのだと語らない。

＊天使

実際、空の墓が全てをひっくり返したり、女たちを震え上がらせたりしたのではなく、その背後では彼女たちが到着する以前にことが起こっている。彼女たちは理性で理解したのではなく、想像を働かせたのでもない。心でとらえたのだ。そして聞いた。誰かが語ったのだから。実際、墓は全く空と言うわけではなかった。誰かがいる。「白い長い衣を着た若者」が。女たちを驚かせた最初の事柄だ。彼は他の人間たちと同じようではないと彼女たちは感じた。聖書が語る天使だ！　と。聖書では天使は常に人間の現実的壁を越え、彼岸を分ける障壁を飛び越え、我々が自分たちの領域から、空間から出るふしぎな裂け目を開く。

## ＊天使は説明せず宣言する

確かに天使は説明せず、相対化もしない。「イエスは死ななかった」と言わないし、いかにして葬られた者が生き得るかと理解させもしない。また、香料を塗るために来たが泣き濡れている女たちを慰めることもしない。天使は何を彼女らに告げるのか？「あの方は復活なさって、ここにはおられない」（6節）。原文ではこうだ。〈よみがえらせられた〉、ギリシア語ではエゲルテ。彼は一人で起き上がったのではない。別の方が彼を目覚めさせ、起こし、立ち上がらせたのだ。父なる神！　よってもはや、墓に閉じ込められ、人に捕らえられたままでそこにはいない。人々の祭儀の、思考の、歴史の虜になってはいない。しかし、ここにおいて、十字架につけられた方は生きている！　女たちが来る前に、朝焼け以前に、墓は開き、死は獲物を逃した。

我々の人生の奇跡もしばしば同じなのではないか？　我々が理解しようとするより以前に、キリストを理解しようと、神を、人生の隠れた意味をとらえようと最大努力していた先に、彼は既にそこにおられた、生きて、はるかではあるが現在して。「あなた方は十字架につけられたナザレのイエスを捜しているが、あの方は復活なさってここにはおられない」（6節）。以来、彼があなたを捜し、あなたを導き、愛してくださっているのだ。彼はここにはおられない、墓には、我々の思想の内には、我々の物語の内には。しかして生命の中に、我々の生命の間中におられる。

＊天使のメッセージ

それはとりもなおさず、イエスはどこにでもおられるが、しかしどこにもいないということなのか？　次の場面では白い衣の人は、正しく女たちや弟子たちのために墓の中に座っている。「あの方はあなた方より先にガリラヤに行かれる。かねて言われたとおり、そこでお目にかかれる」（7節）。ガリラヤ、それは天ではなく、地の果てでもない。弟子たちが主と共に歩いたほこりっぽい道であり、共に集った家である。ガリラヤ、それはイエスの言葉を思い出す場所である。しかしてよみがえりの時であり、彼らがイエスに会いに行くときだ。彼らはガリラヤで会うだろうが、エマオにおいても出会う。どちらもが、他方以上に聖なる場所というわけではない。ここにはおられないと、天使は言う。もはや死のうちにはおられず、思い出の中にだけおられるというのでもない。弟子たちと共におり、40日の間、御自身を現そうとされる。この40日間は確かに必要であった。絶望から確信へと進ませることは容易ではなかったからだ。十字架刑と共に夢破れた彼らこそ、長きに渡って教会の柱ともなり、キリスト教信仰の土台を放たねばならないのだ。教会をたてあげるのは、空の墓ではなく、約束なのだ。約束は復活の信仰に源を発する。我々の人生の中で信仰が生まれるのも同じやり方なのだ。確かに我々はガリラヤの時代に生きてはいないが、フランス他のガリラヤに生きている。これもまた全く困難なことではある。初代の弟子たちが40日間出会ったようにはイエスに出会えないが、我々もまた語りかけられているのではないか？「あの方はあなた方より先にガリラヤへ行かれる。かねて言われたとおり、そこでお目にかかれる」。我々の道がたとえ耐え難く、石ころだらけでも絶対他者であるこの方は、我々を待ち、立ってくださっている。既に石を転がして道を開いていてくださる。信仰、希望、愛へと向かう道を。

＊連動する物語

三人の女たちは全速力で「逃げ去った」。これが物語の結末である。普通のありふれた女たちである。全く当惑で終わる感じがする。しかしここから全ては始まった。信じられないしらせに逃げた女たち、これこそイエス・キリストの教会の始まりの日であった。その日、一つの物語が連動した。我々の時代まで、即ちイエスを伝え、祈り、歌い、祝う我々の物語へと繋がった。確かに道が、空の墓からガリラヤまで、エマオまで、伸びたのだ。天使から、空の墓から、二千年後の今日のキリスト者まで。神は誉めたたえられよ！　キリスト者が存在し、頌栄が響き渡る。墓、石、キリスト者の弱さにもかかわらず。ペテロの否認、トマスの疑いにもかかわらず。だから嘆かず宣言しよう、「主はよみがえられた！」と。

（写真 El Greco 1541–1614, The Resurrection）

# 《復活節》よみがえられた方と出会う（ヨハネ19：41―42、20：1―18）

《エルサレム、園の墓の前での黙想》

＊聖書と園

伝承によればイエスが入って行かれたのは園であった。聖書は35回、園について述べている。最初の園は天国であった。神御自身が備えられたもの。四つの川が流れていた。アダムとエバが追われた所でもある。いまだ園については疑問が残る。園とは一般的にとても小さいのである。聖書は木陰と実があったと言うが、同時にそれらは労働を表象している。水をやり、身を屈め、汗をかかねばならない。聖書は園を聖化していない。他宗教、またアルザスの聖なるもみの木とも違って、ユダヤ人の伝承は聖なる木について語っていない。ヨハネによれば復活の出来事は園で起こった。イエスが苦しみ祈ったゲッセマネは世と喧騒からは遠いものであった。イエスが墓に置かれ、それが開かれたのも園においてであった。

しかしそれが花咲き乱れ、咲きほこるなら信仰をうちたてる園ではないのだ。我々は花、色、香りを愛するが木やその実を愛するわけではない。創造主においてであって被造物においてではなく、生命においてでなく、それを与える方において信じるのである。

## ＊空の墓

他の福音史家同様、ヨハネも我々の理解を超える神秘として復活を描いた。しかし彼は二つの事柄に言及している。「しるし」である空の墓、そしてよみがえられたキリストとの出会いである。空の墓はそのままのありようで説明し得る。マグダラのマリアはイエスの死体が置かれた墓をとり間違えたのだと。「主が墓から取り去られました」と彼女は二人の弟子に言う。彼女は泣き、天使と語る。ヨハネはここで共観福音書と異なる。天使は説明を与えていない。イエス・キリスト御自身がそれをし、復活についてマリアの名を呼んで想起させる。彼女はそのとき、理解した。それは確かにかつてマリアが知り愛したイエス、主であった。他方、イエスは普通の人間関係からは脱しておられ、握手したり親しく肩を叩いたりはなさらない。死に、そして今現われ、神性の光をまとって変容された方は、怖れとおののきを以って接するのがふさわしいのである。

## ＊復活節の女たちと我々

復活節の朝の女たちと我々の間には相違と相似とが同時にある。相違、これは重大だが、彼女たちは身体的に自らの目でイエスを見た。我々はといえば、信仰によってのみ出会う。

死後、復活したキリストを直接に見たことは核心を失っていた人々を強固にし、とりわけ教会を創設せねばならぬという思いによって新しい始まりへと呼び出した。彼らの証言及びその時代はほかならぬ我々に恩恵をもたらすのだ。我々はキリストを見てはいないが、聖書の証言の言葉によって生き、キリスト教の世々に渡る復活者の生命を生きるのだ。

しかしまた相似もある。我々もま

た今日生き行動する人間としてキリストとの出会いに呼び出されている。墓、伝承、典礼、言葉、教会、天使と聖人、奇跡を越えて、そこに立たれるのはキリストである。しばしば我々はイースターの朝の女たちのようでもある。走り、駆け寄り、それぞれのやり方で企画計画し、考えて行動する。それによって他者は、我々の道を歩き我々と出会い我々が語ることを欲し、注意を喚起してほしいのだ、「キリストは生きている!」と。

＊新しい確かさと一つの使命

復活時のイエスと女たちとの出会いは、我々にもまたその出会いを通してイエスが望むことを明らかにする。確信と使命だ。確信、恐れるなと言うこと。イエスは我々をまっすぐに立たせる。信仰とは確信を以って歩くことである。キリストが訪れてくださったという安らぎのもと、その恩恵に刺し貫かれ、言葉で照らされた者が。神は我々がどれほど朝毎にこの確信と安らぎを必要とするかを知っておられる。

使命、イエスとの出会いはまた派遣の上に立つ。女たちはガリラヤに遣わされた。かくして我々の生は意味を持ち、過去への郷愁や、あきあきする実存の退屈さや、喜び追求ではない道を採ることになり、イエスは我々に直接的使命を与え、日常のつましい課題はキリストの証しとなり、整えられて、目標から、主から照らされるものとなる。復活の朝の女たち同様、我々は、夜の間に起こり世界の相を変えた計り知れない神秘の前で驚き眼を覚まされる存在である。同時に良きおとずれを充たす存在ともなり得る。我々の言と人生を通して他者へ手渡していくことへと衝き動かされて。

＊園を耕そう

園へ戻ろう。マグダラのマリアに復活者が現れた園に。それは常に我々の喧騒からは遠く、静寂と解放の場所である。しかしまた園は創造の場、植物、実のなる場所でもあり、仕事の場、激しい破壊から守られる場所でもあるべきなのだ。我々が住みかつ耕すべき場所。ルターは言った、「もし最期のときが来ようとも私はリンゴの木を植える」と。これからも我々は、我々のリンゴの木を復活者と共に植えるだろう。死、冬、疑い、絶望はもはや我々の地平ではない。復活者キリストがおられる。

（写真 Titian 1487/90 – 1576, Noli me tangere）

## 《昇天日》心を天にあげよう（ルカ24：50―53）

＊天について語ることは逃避なのか？

今日は昇天記念日だ。休日に挟まれた日を休みにし、鱒を釣りに、芝生を刈るのに良いときだ。我々はしかし、昇天日はそれだけではないと知っている。キリスト者が天について、天に昇ったイエスについて語る日だ。天について語り、天を思うことはしばしば悪評を受ける。逃避だ、日常を抜け出してかなたへと逃げるのだ、と。地上には為すべきことがあるのに、家族を養い、良い仕事に就き、社会を変えていくためのあれこれがあるのに、と。実際日常埋没からの必要な逃亡なのか？　天について語る宗教はアヘンなのか、しかしそれが日常を生きる正しいやり方だとしたら？　熱心に取り組むことと、距離を置くこと、そのときを生きると同時に、過ぎ去るときとは別のことがあるのだと知ることが肝要なのだ。聖書が天と呼ぶものがあり、高きにいます方がおられ、地とつながる彼方があるのだと。

**＊昇天の天**

多くの人が自問する。高き所はどのようであり、昇天の中心に位置する天とはどのようなものかと。それは地理的場所ではない。肉眼や天体望遠鏡で見る星の集合でもない。身体的世界は150億年以上存在している。神の世界はその彼方であり、我々は神は世界以前、かつそれ以上だと信じている。他方、中世では天はそこへ向かってイエスが取り去られる場として描き、我々の宇宙や世界を問題にしない意味で黄色で描かれた。聖書が語る天はジャン・ポール・サルトル（Jean-Paul Charles Aymard Sartre, 1905~1980）が「悪魔と善なる神」で書くような虚無でも神不在でもない。確かに虚無や空などは存在する。しかし聖書の「天」は真逆である。それは命を与えて止まず、事柄の中心にいます神のやむことのない活動を表示する一つの手法なのである。それはこの世では直接的には見えないがよみがえったイエスが入ったとは何と現実的なことだろう。ある人々は聖書に従って、昇天時に起こったことを非常に人間的なやり方で説明したいと欲した。合理主義者によれば、イエスは山で弟子を伴いつつ周囲をさりげなく歩き、そして彼らの視界から消えた。

また他の人々は、イエスは進めてきた困難な存在に耐え切れず去ってしまった、弟子たちを見捨ててと推量する！

聖書は明らかに語っているが、地上を歩いていた人がもはや見えなくなったのは昇天からなのである。もう触れ、つかむことはできない。復活節のローソクが消される、よみがえった方の現われの終わりだ。御言葉のとき、信仰の時、見えるイエス再臨期待のときだ。同時に天に上げられたイエスは以前よりももっと近くにいてくださる。地で行動し、現存する神の働きに取り掛かられるのである。父の右にいますイエスは今や、我々との親しさの内におられ、世と生命の真中におられる。それは今日我々に何を意味するのか？　メッセージの四つの面を見てみよう。

＊天の祖国

第一に我々は皆、天の祖国を持っているとの確証である。全ての地上的なものは過ぎ去る。家族、成功、友人、家、祖国。残るのは我々を受け入れ、天の父から伸びる腕である。ルターは、「神は城壁、神秘はイエス・キリストの光のもとで輝く」との詩篇46編を歌にした。「天は我が祖国」と。これはストラスブールの宗教改革者マルティン・ブーツァー（Martin Bucer, 1491~1551）のスローガンでもあった。彼は地上の祖国アルザスを去り、生涯の終わりの2年をイギリスですごした。

＊聖化

天は神が我々を受け入れる「永遠の家」（IIコリント5：1）にとどまらない。聖化へと我々を引き付ける強い力でもある。「私は地上から上げられるとき、全ての人を自分のもとへ引き寄せよう」（ヨハネ12：32）とキリストは言われた。磁石が鉄を引き寄せるように天とは我々を彼のもとへと引き寄せるキリストの愛である。神は讃えられよ、日々我々を地へと引く幾百万の重みだけがあるのではない、恩恵、つまり福音が我々に手渡す不思議な力、地上を越える天、イエス・キリストの顔をとらえる、我々の内なる天があるのだ。

＊地上へのもう一つのまなざし

これこそ昇天のメッセージである。確かに我々は、このあわれな地は、歴史の風に吹きまわされ、悪の力に振り回されると知ってはいるが、十字架につけられ復活した方の手の中にある、とも知っている。以来、キリストは神の支配に参与している。

同時に地上の支配には限界があり、相対化されるのである。最強の全体主義であってさ

えも。「王なるキリストが支配し、全てを足元に置かれる」（ドイツ福音賛美歌１２３番）と歌いつつ全ての権力は限界を持ち、いかなる地上の権威も聖化すべきではないと我々は宣言する。そもそも全体主義権力が昇天の祝いを好まないのは驚くことではない。アルザスがナチに支配されたときには、禁止されたことを私は思い出す。多くの牧師たちが警察に捕らえられ、ある者は囚人とされた。「昇天祭」を祝ったという理由で。「昇天」は我々に教会の存在意義を教える。教会、それは神をたたえる女たちであり、男たちである。彼らは天のふるさとを知っているし、救い主を信頼しているのだから。

どうして現在に抗う日々の長さを、他者を、権威を、嘆き、呻き、不平をとなえることができようか。彼らは人生の真中に立たれる方を讃えるように、歌うようにと召されている。弟子たちについてテキストが語っているように、「彼らは絶えず神殿の境内にいて、神をほめたたえていた」（ルカ24：53）。教会、イエス・キリストを証言する女たち、男たちだ。我々は地上でのイエス・キリストの代理者ではない。彼らは主の出現以来、交代して引継ぎ用員となった。我々はといえば、心動かし、引き行き、新しくしてくださった方の証人にすぎないが、この方を証言する。

＊期待する人間たち

終わりに、教会、それは期待し待ち望む男女である。彼らは大団円や限りない発展を期待しない。ルターが語ったように「世とは、常にならず者で一杯の小屋にとどまる」と知っているから。彼らはいつの日かキリストとあいまみえる期待のうちに忍耐しつつ主を待ち望む。二千年ほども昔、皇帝アウグストがローマで死んだ。最後の言はこうだった。「友よ、喝采を！　喜劇は終わった」。同時代、パレスチナの民の一人、エチエンヌは信仰のうちに死に赴いた。「ああ、天が開けて人の子が神の右に立っておられるのが見える」（使徒7：56）。これこそ天とそこにおられるイエスだ。死と生において揺るがぬ我々の信仰の土台。

（写真 Giovanni Bellini ca. 1430 – 1516, Resurrection）

## 《聖霊降臨節》聖霊（使徒言行録2：36－41）

＊奇跡では十分でない

エルサレムでさえも、最初のペンテコステ時、奇跡でことたりはしなかった。しかしあの日、奇跡や異常なことの幾つかがあった。風の一撃のようにして家を充たした轟音があり、使徒たちの頭上には火の言葉があり、パルティア、メディア、エジプトと、彼らの国語で語られた。エルサレムは人々が追いやったはずのイエスの弟子たちによって興奮に陥った。全ては常識、予想、思いを超えていた。もちろんそれは一面では奇跡であった。にもかかわらず、そこにいた人全員を信仰に引き入れるには不十分であった。ある者は笑って言った、「あいつらは甘い酒に酔っているのだ」。無論彼らは酔っている、夢想し、常軌を逸している。イエス以来、我々の時代まで、イエスの復活で始まった奇跡は欠けることがなかった。しかしそれは異説克服には不十分であった。ペンテコステの日に、弟子たちに効果を奏した甘い酒のあとには、宗教を異化するカール・マルクス（Karl Heinrich Marx, 1818~1883）の民のアヘンが到来した。歴史においては、人々は信仰について、幻視だ、偽りだ、まやかしだと、イエスとその物語を過去の墓に閉じ込めて語った。

**＊証人たちの証言**

イースター時、ペンテコステ時、それ以降も、奇跡では十分ではなかった。では何がそれ以上なのか？　そうだ、イエス・キリストに帰される証言、奇跡を理解させ、信仰を呼び起こす証しの言葉だ。聖霊降臨時でさえ奇跡は語らなかった。驚かせ、当惑させる。しかしそれは解かれ宣言されることを要求する。かくてペテロは立ち上がり語る。キリスト教メッセージの中心として起こったことを、とりつぐために語る。つまりはキリストを。「だからイスラエルの全家

《聖霊降臨節》聖霊

ははっきり知らなくてはなりません。あなた方が十字架につけて殺したイエスを神は主とし、またメシアとなさったのです」（36節）。これが奇跡の鍵だ。風と火の言《ことば》があっても、使徒たちの教えが聴き手を動かし理解へと導いたのだ。「それは集団ヒステリーや泥酔ではなく、聖霊の派遣によるのであり、この聖霊は復活者キリストと結びついているからだ、なぜならイエスは聖霊がささやき形成し変えていく生を生きておられるのだから」との教えが。

## ＊行動の時

ペテロは長々と、起こったことを説明するため、イエスの出来事を想起させるため彼らに語る。しかし言、解釈、教えは十分ではない。あたかも落水が岩を穿つかのようだ。二千年間、キリスト者と教会は多くを語ってきたが、事柄と心を変えるにはこれで十分というわけではなかった。人が慣習から抜け出るのは難しいものだ。にもかかわらず、聖霊降臨時のペテロの説教は効果を奏したように見えた。聴き手たちについて「大いに心を打たれ」（37節）とある。彼らはおそらく泣いた、震えた、感動したのであろう。しかしこれも何ほどでもない。動かず変わらない。しかし心動かされ感動したのだ。我々も既に経験済みだ。葬儀、結婚式、堅信礼など、心はしめつけられ、喉は詰まり、感動の涙が流れる。これは恥ずかしいことではない。我々は石の心を持ってはいない。泣くのは良いこと、健康、解放でもある。

しかし動き出すこと、途につくのはもっと良いことである。ペテロの聴き手たちは涙と感動に留まらなかった。彼らは問う、「兄弟たち、私たちはどうしたらよいのですか?」と。ペテロの答えは二つ。「悔い改めなさい」「めいめいイエス・キリストの名によって洗礼を受け、罪を赦していただきなさい」。「悔い改めよ」とは感情レベルではなく、行動である。悔いるとは、道を変えることであり、自分はまちがったと認めることであり、あたかも神は存在しないかのようにして隣人を支配し、食い物にしたと悟ることである。悔い改めとは具体的なのだ。「私は改心した」と一人の靴屋が、敬虔派の祖の一人、ツィンツェンドルフ(Nikolaus Ludwig von Zinzendorf, 1700~1760)に告げた。答え、「けっこうなことだ。しかし人々はあなたの改心を今後の靴の修繕のやり方で知るだろう」。

＊洗礼

我々はキリスト教信仰の枠内にいるが、これは一種の道徳に割り引きされない。悔い改めは根本的なことであり、我々は常に良い道に留まっているわけではないから、改心も可能なら日常的なことだ。信じることと同様、動くことはキリストへと赴くこと、近づくこと、交わりに入ることだ。ペテロの聴聞者たちにも我々にとっても。この交わりは洗礼によって起きる。洗礼は水によるが、同時にキリストの言葉により、赦しの約束による。洗礼は古き人を水に沈めるために一度与えられる。しかしルターは言う、「家畜（das Biest）は泳ぐことを知っている」と。日毎、試みと失墜の中で、かつてキリストに委ねられた自分であることを思い出す必要がある。「洗礼された（Baptizatus sum）」とルターは自分の仕事机に刻んだ。悔い改めるとは洗礼されること。ペテロの聞き手たちは洗礼者ヨハネに会いにヨルダン川へ行ったとき、それを分かってはいなかったのか？　洗礼者ヨハネとイエスとの間では何が変ったのか？　ペテロははっきりと言う、「悔い改めなさい。めいめいイエス・キリストの名によって洗礼を受け、罪を赦していただきなさい。そうすれば賜物として聖霊を受けます」。もはや洗礼とは単純に悔い改めと赦しではなく、その核心によみがえりのキリストがおられるのだ。さらにもう一つのことも約束する。洗礼者ヨハネ、彼は〈kyrie eleison〉「主よあわれみたまえ」であり、イエス・キリストは〈Alleluia〉「主をたたえよ」なのである。

前者は死、厳格、道徳、後者は命、喜び、新しい誕生である。

**＊よびかけはすべての人に**

ペテロは聞き手たちに、メッセージは理解し、悟れる者たちのためだけでなく子供たちにもと言う。イエスのもとに来るのに早すぎるということはない。信仰とは神への信頼であり、幼いときから始まる。

約束はまた遠くの人々へも及ぶ。エルサレムから遠くはなれているユダヤ人だけが問題なのか？　そこに異邦人も含むのか？　テキストはこの問いに明確に答えてはいない。約束は神を呼び求める全ての人々に届くのだということ以外には。我々は神の呼びかけはユダヤ人だけに限らないと、たちまちのうちに知った。ペンテコステとは神の霊がささやき、神が呼びかけるのだ。呼び出された者たち、〈ギリシア語ではek-kleroo〉、を意味する共同が、〈Eglise〉、教会である。幸いにして今日我々に呼びかける神の働きの中に入るなら、必ず我々も他者も近い者も遠い者も新しくされるのだ。

（写真 Anthony Van Dyck 1599 – 1641, The Descent of the Holy Spirit）

《聖霊降臨節》聖霊

## 《三位一体の祝日》高きところ〈天〉から生まれる（ヨハネ3：1―8）

＊探す者

16世紀の宗教改革者の中でもジャン・カルヴァン（Jean Calvin, 1509~1564）はニコデモを好まなかった。夜にやって来て日中に信仰、イエスへの関心を表明しない者たちをニコデモの徒と呼んで非難した。私はニコデモが好きだ。探す多くの人々が好きだし、彼らは超特急でわかろうとせず、道を訊ねたずね、もっと神、信仰、人生の意味について知ろうとするからだ。教会やキリスト教共同体で、彼らと話して悲観的なキリスト教信仰の見方や根深い予断を打ち払うことを好む人と出会ってくれればと思う。

＊議論が全てではない

ニコデモ、つまりあなた、そして全てのニコデモの徒に言いたいのだが、神を見出すの

に議論が全てではない。神は論じればわかるというような思想の外だし、理論の行き着くところでもなく、神学的ではあっても、我々の感覚を超えるし、技巧を凝らせば感動まちがいなしというものでもない。聖書が神と呼び、ひっくり返る身をあらわすとき毎に、既に得た考えがひっくり返るのは、私の内ででではなく、私の正面に向かい合ってであり、また私の精神においてでもなく、私の理論、感覚を超えており、予想もつかない当惑させる秘儀であり、私を変えようとし、困惑させ、ひっくり返し、私がとらえる先に私をとらえる生きた現実なのだ。

もし私が自分の子供を理解すべきとなれば、遠くの無関係な者に話すようにではなく、疑問に任せて、私の思考様式を棄てて、メンタリティさえも変えて他人のようにしてとりかかるだろう。まして聖書が神と呼んでいる方を理解するにはどれほどのことが必要であることか！　イエスはこう言いたいのだ。「ニコデモよ、高きところ〈天〉から生まれよ、新しく生きよ」。

**＊新しく生まれるとは何か？**

私はあなたの抵抗がよくわかる、ニコデモよ。「再び生まれるとは不可能！」我々のうちの誰が過ぎた過去を戻し、心を重くする過ち、失敗、失墜を取り消せるだろうか？　誰がゼロから再開できようか？　仮に世にゼロから戻ってもそれは始めることになるのだろうか？「高いところから生まれる」と特権的に訳してもあなたはまた反論するだろう。我々を地上に結びつける山ほどのアレコレを。

「自分の立場からの脱出は不可能だ！」

ある人々は「新しく生まれる」とは輪廻の暗喩であって、20世紀、21世紀のある人々にとってはおそらく非常に価値あるものだ。しかし聖書は輪廻を教えないし、他のもっと気休め的なことも語らない。永遠なものにはやり直しはない。今生の命において、ニコデモは他なる人にならねばならないのだ。

＊人間存在の奇跡《新しく生れる》

結局不可能なのか？　キリスト者であっても、人生の不条理は強調されるという福音の要求なのか？

私が奇跡に出会ったと保証する以外何を言えばいいのか。

高きところから生れる人々の奇跡は日々再生している。私は彼らに出会った。単純に歴史を学んで、黄金に輝く聖人伝を読んでというのではなく、我々の時代の真ん中で出会ったのだ。私は出会ったし、赦すことを知って復讐を放棄した人に、自分の時間と財を与えることを受け入れた人々に今なお出会っている。彼らの受けた教育というものや周りの人々は、それを継続して守るようにと仕向けたにもかかわらず。間違いや失敗を認めて方向転換をした人々、諦めず、懐疑的にもならず、信頼の内を将来へと向かって歩く人々。

そうなのだ、ニコデモよ、労苦だけがあるのではない。恩寵があるのだ。征服し支配する精神だけではなく、ペンテコステの聖霊があり、言葉だけではない活力の聖霊があり、無気力な悲しみだけではなく、歓喜の喜びの風がある。ケンカの種だけでなく、集合させ、和らがせ、新しくする聖霊がある。二千年来、イエスの名に、御言葉に、洗礼の水に結びつく聖霊が。人間を自分に死なしめ、タブーを破り、新しい道を開き、我々が予測したり閉じ込めたりはできない聖霊が。

**＊聖霊がとらえるままに**

我が友、ニコデモよ、この聖霊がとらえるに任せよ。引き行かれ、襲われ、狼狽し、壊され、新たにされよ。知的な君よ、言っておくが、サン・テグジュペリ（Antoine Marie Jean-Baptiste Roger, comte de Saint-Exupéry, 1900~1944 リヨン生まれ。イエズス会のノートルダム・ド・サント・クロワ学院を経て、スイスのフリブールにある聖ヨハネ学院では文学にいそしむ。）も言ったように本質的なものは「心でしか見えないし」、新しい心で、と聖書は語る。義しく考えるだけでなく、違うやり方で生きることを受け入れよ。注目に値する君よ、責任ある事柄にせっせとかかわり熱心であり、家庭では充実、代わる者のない家長、効力と発展を考える君よ、活動以外のことがなおあることを受け入れよ。受けとるための手を開き、弱くあって、導きに任せ、そして生まれ変れ。

懐疑論者ニコデモよ、太陽の下に新しいものは何もなく、「人は自分の環境からは抜け出せない」とつぶやくのなら、その習慣を変え、その社会から出、切断の道、しかして新たな始まりの道へと変る奇跡を受けとめよ。そうすれば君は、神と神の国を見、神を理解し、父子聖霊の充満の中で神をとらえるであろう。

この方が全ての人の父であり、太陽を悪い者にも善い者にも照らすということを知るだろう。皆が疑いの中にあっても、確かにこの方は世の歴史を支えておられると知るだろう。君の道を照らすため、また人間の闇の道を照らし、新しい世界の道標をたてるために、神は御子イエスにあって人の姿をとられたと知るだろう。

君は知るだろう、父あるいはイエスが、ただに教義上のこと、典礼だけ、本だけのことではないと。

過去の出来事とは全く別のことであり、確実であり、聖霊によって現臨し、生きておられ、我々に真に近いと。結果、我が友ニコデモ、君は讃えるだろう、父を、御子を、聖霊を。

（写真 Anonymous Jesus and Nicodemus）

## 《収穫感謝祭》創造者なる神を祝おう（使徒言行録14：8―18）

＊いやしと信仰

テキストは我々に一つの「いやし」を語ることから始まる。

イエスは単に癒すというのではなく、言葉に身体的行為を伴わせて、道で出会う多くの人々に恵みを施した。弟子たちも癒しを行い、聖書は使徒パウロのそれも伝えている。

さらにこの物語では治癒と信仰のつながりが確立されている。奇跡は信仰から離れてあるのではない。生れた時から足が不自由だった人は、癒されるとき、パウロが語った救いを受け入れている。疑いの信仰は、パウロと癒しの能力だけにでなく、彼のメッセージにも侵入するが、この人は使徒が語るイエス・キリストに身を任せる備えができている。

＊不思議を神聖化する？

しかしここで起こったことの観客であるリストラ〔地名〕の人々が感じたのはこのことではない。パウロのメッセージと不自由な人の信仰は彼らの興味を引かない。彼らが驚愕したのは癒しの不思議である。日常の経験によれば「今まで歩いたことのなかった」ような生まれつきの人が癒されるというようなことはなかった。とりわけ長い歳月の後で、一瞬になどとは。驚くまいことか！　リストラの人々の驚きと反応、パウロの態度をテキストは強調している。

リストラの人々は何を考え、起こったことについて何と言ったか？　彼らは本当に打たれたのだ。癒し手のパウロの行動に。彼らはパウロとバルナバのうちに、彼らが信じる神々を見て叫ぶ、「ゼウスだ、ヘルメスだ、彼らが地上にまいおりたのだ！」。二人は神々として祭り上げられ、供物を捧げられるに価した。

この反応は実に人間的である。あらゆる年齢層にわたり、人は常に自分たちをこわがらせ驚かすもの、理解不能かつ日常を超えるものを神聖化する。ある時代には人々は自然を神とし、特に雷鳴のようなものを怖れた。またローマ皇帝などや、戦時の将軍、宗教的人物たちをも神格化した。我々は本当にこの種のありようを克服しているだろうか？　通常を超える、ある人々を神聖化する傾向にあるのでは？　人は「スタジアムの神々」とさえ言ったりするし、政治的有力者を崇めたり、高位権力者に盲目的服従を誓ったりする。さらには技術に秀でた者たちへの尊敬と完全な信頼はどうなのか？

現代人にとっては生死において、言い負かせるものが、ほとんど宗教にとって代わる。

＊宗教的求め

パウロの時代のリストラに戻ろう。彼はどう反応したのか？　彼はそのような、人々の宗教的求めを罰しない。不自由な人の癒しにおいては、慣れ親しんだ世の外からの侵入以外のなにものでもないと予感するのが正しくはないのか？　こんな、予測もつかず、新奇な、神秘と感じる事柄は、どんな理性的説明よりもより真実に近いのでは？　説明は無限であったり、「自然な」理由を求めたりするのだから。

パウロによれば神は「ご自分のことを証ししないでおられたわけではない」（17節）。たとえそれがイエス・キリストにおいて、また彼が平明にあらわした聖書的証言内においてであっても。パウロは、いまだ神を知らない人にも生ける神は知られているとまでしか拡げてはいない。人々に創造者なる神の神秘を予感させ、確かに不完全なやり方ではあっても、行動へと押し出されるよう促したのだ。

＊人間は神々ではない

しかし目標をあやまってはならない。リストラの人々が彼とバルナバを崇めようとしたとき、パウロは激しく抗議する。「わたしたちもあなた方と同じ人間です」（15節）。彼らはリストラへ、崇められ神化されようとしてきたのではない。生ける神が自分を人々に与えようと願っていることを告げるためだ。聴衆が崇めるよう二人が呼びかけるのは神に向かってなのだ。

「この方こそ天と地と海とそしてその中にある全てのものを造られた方です」（15節）。

たとえ彼らが奇跡を起こしたとしても人間を崇めるべきではない。彼らは神ではない。如何なる人間的権威も、皇帝も組織もイデオロギーも崇めるべきではない。人間を、自然をではなく、これらを創造し、自然とそこで働く力、また人間社会を生かす方をこそ。人間は被造物にすぎず、自然は神にあらず、神の被造である。我々がこれを理解するとき（しかし繰り返し学びなおすこと！）、地上や自然存在のことがらを聖化することは棄てるべき「こんなこと」（15節）になるだろう。

## ＊創造者なる神

テキストはもう一つの誘惑に抗させる。今日、使徒の時代以上に現存しているものだ。人間に内在概念としてだけ残ってはいるが、生と死、我々をとりまくことがらの現実的、宗教的事柄としてではない。ローマ人に取ってのゼウスもヘルメスもジュピターもメルキュールも、もはやおらず、まして聖書が語る創造者にして生ける神はいない。もはや人口肥料、トラクター、銀行貸し付けしかない。技術が宗教に取って代わった。プロメテウスが神に代わった。人間の力が恵みを追い払った。無論、教会はある日曜日に収穫感謝を祝う。ある人々は地方社会にとっては大事な遺産であるが、しだいに都市化した社会にこの祝いを回復するのは難しいと考える。また他の人々は世界の貧しさの中で細々と暮らす大多数の人々を思って、創造者なる神と自分たちに与えられた産物を喜ぶことに尻込みする。

しかしそれが我々に生を与え、生の闘技場の中で日々我々に出会ってくださる神を忘れてよいという理由になるだろうか？　神の恵み、それはキリスト者の生活に伴う罪の赦しと心の活気だけではない。それはまずもって、常に我々を生かし、体を養い、人生を可能にするもの。

人生の役者のようにして働こう。我々の手を、心を、わかちあいのために開こう。しかして日毎の糧のために恵みを乞い願うことを忘れないようにしよう。

(写真 Adriaen van Stalbemt 1580 – 1662, Paul and Barnabas at Lystra)

## 《宗教改革記念日》耳打ちされたことを屋根の上で言い広めよ
(マタイ10：27―31)

(2009年10月25日　ストラスブール、サンピエール・ル・ジューヌ教会にて)

＊福音を明るみで宣べ伝える

すばらしくよくできる学生がいた。熱心かつ知的、知性では教師陣を超えていた。文学と法学を学び古典を読み得た。しかし内気であった。静かに学び、思考し、書き、出版を願っていた。

沸き立つパリ、1530年のこと、ルターに影響された、この内向的かつ慎重なこの学生――その名はカルヴァン――は福音派へと転向した。突然の経験、これは高きところにいます方の力のもとでということなのか、あるいは、即座に即ち急速にという意味か？　後の証言はカルヴァンのラテン語〈subita 急な〉に二つの意味をもたらした。いずれにしろカルヴァンは以来、別人になり、福音へと邁進した。

27歳にして『キリスト教綱要』初版出版。しかし神学的著作物を静かに書くことに専念し、他の学者たちと議論を交わし得ると思っていたのに、ジュネーヴでギョーム・ファレル（Guillaume Farel, 1489~1565）という戦闘的牧師につかまってしまった。ファレルは神の名によって懇願した。「君はここに居るのだ！　我々は君のような牧師、神学者、教会組織者を必要としている」。かくして内気なカルヴァンは闘技場へと引き出され、身を投じて聖書注解に集中し、福音を解き、ジュネーヴの福音教会を組織した。

福音の言葉はなんと力強いことか。

「わたしが暗闇であなた方に言うことを、明るみで言いなさい。耳打ちされたことを、屋根の上で言い広めなさい」（27節）。

**＊カルヴァンの断行**

カルヴァンの声はジュネーヴだけにとどまらず、三年を過ごしたストラスブールにも響き渡った。多くのフランス人に宛てて聖書注解を書き、福音を生きる改革された教会の存在を願って誠実に説教した。綱要、カテキズム、その他の著作物がフランスに飛び散った。

それらはくりかえし読まれた。ジュネーヴでは詩篇歌が歌われた。カルヴァンは書く、「かくれてはいけない。夜だけイエスを訪問したニコデモのようであってはならない。信仰を言い表し宣べ伝え、福音を歌え」。人々を助けるために1559年にはフランスの友人たちのために「信仰告白」草案を出し、後にこれは「ラ・ロシェル信仰告白」（別称「フランス改革派教会信仰告白」Confession de Foi des Églises Reformées en France）とよばれた。かくして共同体は、非公式な〈移植された〉教会の状況を脱し、やがて牧師、聖餐式、長老、規則を持つ〈整えられた〉教会となる。王室の権威にさえ立ち向かった。何故ならこの当時全てが明らかというわけではなかったからだ。確かに我々の時代とは違って、社会にキリスト教がしみこんでいたわけではなかった。政治権力が代わって教会を庇護し、教会は権威者たちを支えていた。しかしそれはまた、公的教会やその解釈の方法、信仰の実践の外に出て、福音を自由に宣教することを困難にした。祭儀や伝統を疑問に附し、ルターやカルヴァンと共に「信仰のみ、即ち心からの信頼によってのみイエス・キリストと一つになり、人が神に近づき自由になる聖書の言葉に結びつく」と宣言することは自明ではなかったのだ。社会で、教会で、権力者たちの栄誉を相対化して、声高く力強く「神にのみ栄光」と言うことも当たり前ではなかった。

＊21世紀の障害物

それでは今日、福音を宣べ、キリスト教信仰を公に証言することは、より明白に容易になったのだろうか？　実際のところ、付和雷同しない人がかつてないほどに一般的だとは、今日も言えない。人間は生産者、消費者以外のものだと主張して購買以外のことに日曜日を守りたいとする人々は稀なのだ。神はつまり、日々我々を導かれると信じる人々は懐疑論者の嘲笑を引き出す。他者のために身を捧げる人はナイーヴだと思われてはいないか？　福音と隣人への愛という名のもとで、いろいろな方法で避難所の依頼者たちを勇敢にも助けようとする人々は、結局は司法的いざこざを招くのではと。

＊心の奥から公の空間へ

イエスは言われた、「耳できいたことを屋根の上で」と！　実際何故福音を我々のうちに留めおくのか。何故我々の確信つまり、神は信頼に値するという経験を留め置くのか？　何故過ぎ行くこの世の真ん中で笑い歌わないのか？　復活者と共に生き、死の中でさえも生の力によって担われている我々だというのに。

全ジャンルのメディアを伴う公共の場で、人間には不可能ごとだが、どのようであれ、生と自然において神が定めた限度を超えたり人間性を失うことは避けるべしと何故前面に置かないのか？

「教会は閉じこもって、世をそれ自身に引き渡すセクトではないし、宗教は個人的領域だけではない」と十分に言われては来なかった。カルヴァンは、信仰は全人生にかかわり、私生活にも個人的にも人間生活全般にかかわるのだと語って止まなかった。この機器の時代、連帯の名の下、私的にも公的にも注意深くあって言うべきこと、為すべきことがどれほどあるか、神は知っておられる。

## ＊西洋の怖れ

「耳で聞いたことを屋根の上で言いひろめよ」。マタイ10章のテキストは、イエスが弟子たちの耳に告げ、今日なお我々の耳に心にささやく的確なやり方を伝えている。テキストのメッセージは何度も繰り返している。「怖れるな」。イエスのとき以来、ルター、カルヴァンの時代以来、怖れの様相は様変わりしている。フランスの歴史家、ジャン・ドゥルモー（コレージュ・ド・フランス名誉教授、フランス学士院会員）は書いた、『西洋の怖れの歴史』を。イエスの弟子たちはユダヤ人だったのでローマを、律法を超え出ることを、ファリサイ派の怒りを買うことを怖れた。今日、我々はもはや全く規則を持たないことを怖れる。イエスの時代には皮膚病を、カルヴァンの時代にはペストを、そして今日、ガン、エイズ、ホンコン風邪を怖れる。過去においては人々は過労気味であったが、今日は職を失うことを怖れる。中世末、ルターの時代であるが、人々は神を恐れ、キリストの裁きを怖れていた。今日我々は人間を怖れ、特にアルザスでは外国人を恐れている。16世紀には人々は権力を持つ教会を怖れ、今日は虚弱化していく教会を恐れ、我が国のキリスト教の将来を憂えている。

＊怖れるな

イエスは眠っておられるのか？　湖上の舟で福音を語られたときのように。神は死んでいるのか？　数世紀前にある人々が主張したように。あるいは我々から遠く離れておられるのか？　弟子たちに語ったように我々に言われる。「二羽の雀が一アサリオンで売られているではないか。だがその一羽さえ、あなたがたの父のお許しがなければ、地に落ちることはない」（29節）。怖れるな！　あなたにとってはどんなにか！　言い換えると、我々の世界にリスクだけ、疑い、恐れだけがあるのではないということ。

教会の失墜、ヨーロッパ・キリスト教の没落だけがあるのではない。「世の終わりまで共にいる」。(マタイ28：20)「怖れるな」、何という言葉、何という約束！　我々はどれほど全力で掴むべきことか！　水に落ちた蟻がワラにすがるように、この約束は祈りの中で、限りなく神を呼び求めよということ。「この約束を以って我々は神を激しく揺り動かさねばならぬ」とルターは言った。

### ＊サタンの帝国

しかしイエスは我々を勇気づけることで満足せず注意を促す。約束には警告が伴う。「むしろ、魂も体も地獄で滅ぼすことのできる方を恐れなさい」(28節)。つまり、地獄にである。陰謀家サタンについてルター、カルヴァンははっきり自覚しており、彼らの生涯はといえば、悪の勢力、疑い、悲しみとの、即ちサタンとの止むことのない闘いであった。確かに21世紀のヨーロッパで今なおサタンについて語ることは可能なのかという疑問はしばしば生じる。ルターがサタンにインク壷を投げたようなことは我々はもはやしない。しかしだからと言って悪魔的な力から自由になっているのだろうか？　「我々はこの眼で悪魔を見た」とドイツの神学者ティーリケ(Helmut Thielicke, 1908~1986)は１９４５年に語った。以来、悪魔は逃げ去ったのか？　サタン信奉者はフランスに25、000人ほどいる。しかし小団体と名づけてもよいこのグループ以上に我々の社会は偶像を持ち、その前に額づき、生ける神に置き換えているのではないか？　金という偶像、権力という偶像に。「我々はイエス・キリストを失うよりは生命を失うほうを望む」と古の教会の殉教者たち、16世紀の信仰の証人たちは言った。我々は今なお言い得るか？　信仰を失うよりは髪の毛を失うほうを〔別の説教で著者は、「自分のように髪の薄い者はそうは言えないが」と笑いを取っている（訳者）〕、魂を失うよりは権力を失うほうを好んでいるだろうか？「サタンの帝国を壊すには力強い神の一言で十分」とルターは、かの有名な賛美歌「神は我々の城」で歌い、机上には「我は洗礼されたり」と書いた。自分は全ての悪魔よりも強い絶対者のものだとの意である。我々も洗礼時、「私はあなたの名をよんだ、あなたは私のもの」と言い渡されている。

**＊語ることと聴くこと**

テキストの初めに戻ろう。「私が暗闇であなた方に言うことを、明るみで言いなさい」（27節）。公の宣教を基礎付け、正当化するのにこの言葉を土台としよう。確かに実行されねばならないのだ。福音は進み行かねばならず、世に出て行かねばならない。学校で、より広汎な文化的場で、ときが良くても悪くても流布されるべきなのだ。言葉を通して。神は人々がキリスト教の二千年に渡って語るのを私的なものとしてこなかったと知っておられる。特にプロテスタントにおいて。説教は16世紀以来、礼拝の中心に置かれてきたのでは？

祈りの中でも、典礼の展開の場でも、説教はなされる。また全ての形において教育あり、我々の委託についての議論あり、また他の言葉の場がある。

しかしイエスは我々に素朴な疑問を投げかける。

あなた方はむろん語り、信仰を言い表している。しかし聴いているだろうか？　光のもとへ行く前に暗闇の中に居たか？　対話以前にキリストとの交わりを見出し、修辞以前に神秘を、言に先立つ沈黙を、信仰以前の祈りを持ったか？　そうでなければ、御言葉はただのおしゃべりに、章句は饒舌になってしまうであろう。

「祈り、それは語るのを聞くことではない」とキルケゴールは言った。「祈り、それは沈黙し、神が語るのを聴くことだ」。

我々の言葉、証言、宣言、これらがイエスの言葉を聴くことによって養われ運ばれ担われないとしたら一体何になるだろう？　我々は聴くたびに証言の備えする、キリストの弟子になろう！

# 第二部　祝いと出会い【記念礼拝他】

# 神のおろかであること（第一コリント1：8—25）

大学新学期開講礼拝（10月に）

多くの人にとって新学期の始まりは新しいときである。教師たちは良い授業をしよう、良いものを書いて出そうと決意し、学生も忙しい。学生は大いに読もう、授業に備え、問題を深めようと決意する。我々は互いによく学び理解を深めたいのだ。「スローガンで一杯にしたり、百科事典を詰め込んだり、思索して納得することには反対、それは知のための知的技法だ」などという、知的努力軽視からは私は遠い。

信仰は理性に反するのか？　この状況についてはテキストはあいまいだ。「それは、こう書いてあるからです。『わたしは知恵あるものの知恵を滅ぼし、賢い者の賢さを意味のないものにする』知恵のある人はどこにいる。学者はどこにいる。この世の論客はどこにいる」(19—20節)。キリスト教信仰は反知性なのか？　哲学を基礎としたギリシア精神と、せいぜい素朴な人々や精神にとっては有益だろうとしたキリスト教信仰は一度ならず対立したに違いない。私は賢人たち（cigales 蝉）が施したこのテキストの使用法を思って苛立ったものだ。あなた方は、わたしがこのような呪いを直ちに引き出すとしても驚かないだろう。大学、学生、教授のレベルを維持したい学長の立場だからというだけでなく、神は我々が歌い、祝い、愛するようにしただけでなく、頭脳、理性を与え、それを働かせるよう願ったと確信しているからだ。「全てはあなた方のため」とパウロは言う。全ては学問、科学、弁明、探求の対象となる。この世は運命だと受身になることを余儀なくされないし、あるいは理解なしに鵜呑みにすることも同様。神は我々を探求させ、理解への欲求、全経験を統合する欲求を与えられた。

## ＊人間の知恵の誤り

しかしここで我々に使徒は言う。人間の思考や知恵はしばしば道標や手段以外のものに、人間の希求の表現以外の存在であろうとすると。つまりそれは完全を目指し、事柄の、歴史の、世界の、最終結論を引き出そうとする。ここに神学者を含む我々が、神が原因や価値に座を占める確固とした体系を構築するのだが、それは常に理性の根拠を伴うのである。

対してパウロは異議を申し立てる。神は人間の理性のきわみにいないし、人間の価値の頂上にもいない。神は人間の知恵の内部にもいない。

さにあらず、神は御言葉の中にいるのだ。私の中には見出せないが、他から私に語りかける。人は想像しなかったが、躓きとして受け止めた馬小舎の中に、十字架の上に、イエスを葬った弟子たちが全く予想もしなかった方法でエマオの途中にいる。

ある人たちは言うだろう。人間理性についてと同様、私が、その全体的誘惑、おごり(hybris)についても語るのが遅いのではと。我々はもはや理性勝利の啓蒙期にも、科学的積極主義が、宗教、キリスト教含む全てを解明し得ると信じられた19世紀にもいない。逆に今日多くの学識者は科学の限界を強調し、神存在、非存在についてグローバルな証明を諦めている。ここでパスカルに助けを求めるのだ、「天と地のあいだには理性が知りえない多くの事柄がある」と書く作家に。

## ＊我々の時代の空虚と福音

我々の時代の誘惑はおそらく他のものであろう。過剰な体系や価値や説明ではなく、むしろ意味、準拠の欠落、結局我々を待ち受ける、神の不在なのだ。空虚、沈黙、孤独のみが私たちの時代の怖れを漂わせ留まっていないか？　基準、展望、御言葉なしの世界、ニヒリズムと滲入する懐疑主義、無力な不可知論の世界なのでは？　怖れの、あるいは不安な想念の世界なのでは？　この空しさの中でイエス・キリストを宣べる人々は、時代の風がそこへと誘い込むような彼方へ、エゾテリスム（秘教主義 ésotérisme）へと逃避する場は与えないし、体系や教えの十全な心地よさも、道徳やキリスト教、キリスト教社会の成功も言わない。彼らは十字架につけられた方、一つの物語、もろく全てを剥ぎ取られた言葉についてしか提示しない。しかし経験の故に彼らは知っている。この物語には、この御言葉には人間の失敗以外のものがあると。彼らは知っている、神はいまし、不在にあらず、生命であり、死であり、真実彼は自分を与えたいと願い、十字架にかけられ、試みられ、伝えたキリストを通してそれを成し遂げたと。

我々はパウロと共に信仰を強いられる。十字架にかかり復活した主についての証言の言葉はいかに弱く不器用であっても虚しい言葉でなく、彼らの言葉は駄弁にはならず、人間の片言を通して神の知恵は伝わるのだと。

## ＊奇跡の求め

我々のテキストはさらに第三の頻繁な誘惑に出会う。「ユダヤ人たちは奇跡を求める」。我々もまた日々これを求めるが、しかし同時代人の疑いに対する神の超常現象には反対したい。奇跡に近づき、心理学的、人間的、社会的成功でキリスト教をときあかすようなことは。たとえ癒しはなくとも、少なくともカテドラル（大聖堂）があり、社会的活動があり、アルベルト・シュバイツァー（Albert Schweitzer, 1875~1965）がいる！　木は実によって知られ、信仰は山をも動かし、神の存在は体験され、見られ、語りかけ、人間の生をつくり変える。しかし超常現象は常にいかがわしい。イエス御自身の奇跡はしばしば理解されず、悪魔的とさえみなされた。

カテドラルのかたわらに十字軍や宗教裁判で知られた我々の歴史がある。大覚醒時代の傍に宗教戦争があった。

つまるところ我々は十字架のイエス以外に真実な基準は持たない。よって我々が信じるのは、あるとき虚弱な神が、身ぐるみはがれ、低くされた神が我々の苦しみを持ち去り、この方の弱さが我々を納得させ、説き伏せ、かくして我々は彼の失墜と遺棄の中に、神の優しさと力とを知ったということなのだ。

## ＊「神のおろか」となること

ここに至ってパウロと共に私が提示したかった「おろかさ」への賛辞という目標にたどり着いた。神のおろかさは、我々を呼び出し、また我々が神のおろかとなることを奨める。私は、常套句は危険だし熱狂主義、十全主義、暴力の同義語となりかねないことを知っている。

しかし「おろか」をこれら偏向と同一化すべきなのか？　我々のキリスト教的生き方をキリストが望むそれと比べるなら、我々は社会とその価値の中にかなり押さえ込まれ、飼いならされ、取り込まれてしまったことを認識すべきなのではないか？　我々は今日キリスト者である限り、信じ方、生き方において、おろかさの幾分かを再発見しなければならない！　最初の弟子たちは、おろかではなかったのか——枕するところもなく、苦しみへと向かった方の後を追って行ったことにおいて。破局の後も信じたことにおいて。

裕福な贅沢を棄てたアッシジのフランチェスコ（Giovanni di Pietro di Bernardone, 1182~1226）、アフリカの失われた大地に降り立った哲学者にして神学者、音楽家アルベルト・シュバイツァー、彼らはおろかではなかったか？　キリストの十字架という意味において、神のおろかであった人たちは、キリストなる神のおろかさに捉えられ、つりあげられたのだ。彼らは人が何もしないとき行動し、皆が行動するとき、それを止め、皆が口をつぐむとき、語り、皆が叫ぶとき、沈黙を守った。

私は「おろか」の箱舟の一員である大学付属司祭であることを喜ぶ。大学とは親しみのある、また伝播しやすい陽気な場であるし、我々の時代と社会における認識の精神を刈り取る場であるし、またこの認識は、思考と行動の型の全分野における順応的態度のそれでもあり、結局はキリストのおろかの実は、確固とした賢人たちを揺さぶりもするのである。

このキリストのおろかの箱舟に、始まったばかりの大学の一年、順風が吹くように願おう。

# 怖れるな（マルコ6：47―52）

1997年ECAAL（アルザス　ロレーヌ
アウグスブルク信仰告白ルター派教会）議長就任礼拝説教

その日人々は食べて祝った。主は突風にみまわれ、ガリラヤ湖の傍で多くの人々を幾つかのパンと魚で養われた。しかしこれが、私の語りたいことではない。むしろその後のことである。「それからすぐ、イエスは弟子たちを強いて舟に乗せ、向こう岸のベトサイダへ先に行かせ、その間にご自分は群集を解散させられた」（45節）。弟子たちは場所移動のため漕ぎ疲れてヘトヘトになっていた。それはオランジュリー湖での日曜午後の舟遊びではないし、ストラスブール魅力発見のバトー・ムーシュ（観光船）でもない。彼らは漕ぎ、疲れ、うんざりしていた。「人間は飛ぶ鳥同様、働くためにつくられている」、ルターの言《ことば》だ。

＊弟子たちの貧弱な小舟

彼らは漕ぎ、痛み、運命を呪い、イエスに対してぶつくさ文句を言う。彼が出発の命令を出したじゃないか。神よ、舟とは何ともろいものでしょう！「我々の舟は危険の中にある」とツヴィングリ（Huldrych Zwingli, 1484~1531）は歌った。

神よ、我々の漕ぎ行く人間社会はなんと弱いものか。民主主義とは経済市場の抵抗不可能の原則が無益な議論を生み、あるいは自分たちと異なる考えを持つ人々はもはや受け入れないことであるとは。何と弱いものか、家庭とは。持続が危うく、子供の拒絶に怯える。何と弱いものか、教会とは。保守主義と全流行についていこうとする試みとの間で揺り動かされ、小権力と沈滞に怯える。

＊逆風

「ところが、逆風のために弟子たちが漕ぎ悩んでいるのを見て」。風は吹く、ガリラヤ湖に、フランスに。それは涼やかな朝風、大きなもみの木のてっぺんで吹く風ではない。人々を新たにするペンテコステの風でもない。荒地を漂い、乱れさせ、混乱させ、脅かす風である。疑い深くあって、建造された大型船も小舟も、価値観も思想も攻撃する風だ。「将来」を拒絶するのだ。過激主義者であり、平均化したいし排除したいのだ。憎悪に満ちており、犠牲の山羊を探し、分離させ、壊そうとし、政治家、教育者、教会人を掴み取る。爽快にはせず、凍えさせ、活性化させず殺す。神よ、騒ぐ湖上であなたの民は何と漕ぎ悩むことだろう。漕ぐとは何と困難なことだろう。彼らは船は前進すると信じているのに、風は後方へと拒む。善き政治を為すことを願うのに立ち往生する。善なる法と規則を苦心して作ったと思うのに、うまく機能しない。確信をもって福音を宣教したと思うのに何も変らない。

しかし立ち往生させ、後退させるものに気をつけよ。それらは流入して、波の谷を見えなくさせるのでは？　インドの宣教者ウィリアム・カレイ（William Carey, 1761~1834）は「どこに行くべきか」と自問した。

「いずこへなりとも！　前方にあなたがおられさえすれば！」

それならヤコブ、ヨハネ、アンデレよ、あなた方は舟の中で何をするのか？　そのガレー船の中で。あなた方の旅の意味とは何か？　危険を渡る目標は何か？　あなた方の答えは？あなた方の計画は？　フランス人よ、ドイツ人よ、あなた方のヨーロッパについての計画は？　経済協力を超えて。教師たちよ、学校と教育への計画は？　免状と知識を超えて。

ECAAL（アルザス・ロレーヌ信仰告白教会）の教会よ、憲法規則の遵守を超えてどのように？

## ＊イエス、弟子たちに突然現る

「我々は自信がない」とペテロ、ヤコブ、ヨハネ、アンデレは答える。船長は祈るために丘に残っている。しかし祈っている場合だろうか？　漕ぐべきなのに祈り、厄災なのに瞑想すべきなのか？　逃避だし役目の放棄では？　イエスは彼らを守り、事態に抗して彼らと共に闘い、一緒にいるのがベターでは？　もし単純に、イエスあるいはイエスの神が、より不可解でなかったならば理解しやすく合理的なのだ。人々が活動を期待するときは行動し、彼らが眠りたいときは休み、熟睡時には夜明かしせず、彼らだけに漕がせないで！　さらには何故群集を養い続けず、彼らを動員せず、彼らをして世を征服しなかったのか？　ドストエフスキーの「大審問官」のイエスへの答えを思い起こせ！

しかしここで思いがけない展開が出現する。「弟子たちは、イエスが湖上を歩いておられるのを見て、幽霊だと思い大声で叫んだ。皆はイエスを見ておびえたのである」。あわれなペテロ、ヤコブ、そして他の者たち。舟はもろく風は激しく主はいない。そしてもちろん姿なき者がいる！「彼らは叫んだ」、幽霊だ、幻影だ。子供たち、非科学的な人々、非理性的な人々を怖がらせる。水上を歩くイエスを見たと信じる彼らはヒステリックになっているのか、疑問はさらに大きい。もしイエスの不思議が神秘化にすぎず、その存在が幻影でしかなかったら、その訪れが願望の実でしかなかったら?

「しかし、イエスはすぐ彼らと話し始めて、『安心しなさい。わたしだ。恐れることはない』と言われた」。

ローマ人たちを徹底攻撃したオベリスクのように、イエスは攻撃しない。そうではなく、幻影は救い主として現れ、風と波に逆らって語る。「わたしだ」。こう訳せる、「わたしがここにいる」。幻は現実となり、過去は現在する。ペテロと友人たちが冷静さを取り戻すようにというのではなく、どのように漕ぐべきか示唆したのでもない。イエスが風や波を正当

化したり、理解するのを助けたりということではない。悪、憎悪、疑い、それらは正当化されない。

「不可能が可能になったのだ」とカール・バルト（Karl Barth, 1886~1968）は言う。イエスは自分が指揮権を握ろうというのではない。そのためには政治家、教会責任者がいる。彼らは波や沼地の中で道を探る。しかし再度イエスはペテロと友人たちを「信頼」へと呼び出したもう。もちろん舟のもろさがあり、風は逆らう。価値観の危機があり、将来への不安がある。教会の虚弱さ、目標の喪失がある。しかしそれ以上に大事な方、キリストがおられる！　キリスト、幽霊ではない。イエスは風でもないし、我々を舟の中へ引き戻しもしない。イエス、それは信頼であり、恐れと疑いへの勝利である。「わたしだ、ここにいる」、これはあなたに何かを呼びかけてはいないか？　モーセへの言葉を思い出そう、「わたしは在って在るもの」！　しかしこの時は神は遠くにおられた。かなた、とらえられない遠くに。我々の物語は逆だ。「イエスが舟に乗り込まれると」。今にも転覆しそうな舟に人間と一緒に乗られた。我々の人生の中心におられる。我々の闘いの真ん中で生きながら。

「わたしだ、わたしはここにおり、そこにいる」。

かくして物語は我々に語る。「理解せず、心が鈍くなっていたからである」。語り手は、彼らは「鈍く」と言う。原意は「彼ら自身を超えていた」である！　愚かになっていたのではなく、真の信仰とは、心理学とは、かかわりなく、もはや彼ら自身の中に重心を置いていなかったのだ。彼らは向き直らされ、激しい鼓動を感じ、鈍さを引き剥がされ、人間的見地から引き出された。絶対者を生き、他の現実に生きるために。聖書はそれを「恩恵」と呼ぶ。

イエス・キリスト、神、信仰は船酔い予防の薬、ナウタミンか？［ナウタは水夫（訳書）］

神がおられる、が真実であったならば？　もう心配がない、が真実であったなら？

だから我々に語り手は言う、「風は止んだ」と！

（写真 Rembrandt Harmensz. van Rijn 1606 – 1669, The Storm on the Sea of Galilee）

## 弟子であること　弟子にすること（マタイ28：16―20）

2001年9月16日　ハングヴィレ（バ・ラン）での牧師任職式説教

ある日、彼らは呼び出された。アンドレ、ヤコブ、ヨハネその他。ある日、彼らはイエスと共に旅にあり、彼について行った。御言葉を聞き、奇跡を見たがしかし十字架から逃げ、彼らのうちの一人は背きさえした。今やガリラヤへと戻ったのは11人でしかなかった。以来、彼イエスはもう一つの世界、人は口ごもり、推測し、確認するしかない世界、もちろん描写し証拠だてることはできない世界に属する。復活した、ということ。彼らは変らず弟子であり、イエスに呼ばれており、呼び出されたし、その親しさの中で生き、ついて行くことに呼ばれている。

弟子とは何か、イエスについて行く人々でないとすれば。

その道はしばしばきつく石ころだらけであり、ほこりっぽい。イエスははるか前方であり、待つことを要求しつつ、しばしば理解不可能である。我々は今日、福音を伝え「弟子とせよ」とのイエスの呼び出しを伝達すべく集まっている。しかし他の人々をイエスへと呼び出す以前に、我々が途につくことが呼びかけられている。実際イエスに出会うなら、我々は11人の弟子のように召され、イエスの学び舎の者たちであり、彼の規律のもとにある。カルヴァンが言ったように、弟子（ディサイプル disciple）と規律（ディスィプリン discipline）は同じ語根から出ている。先ずもって我々が弟子であり続け、イエスと共に歩むのでなかったら、我々の務めは一体何だと言うのだろう？　空っぽの貝殻以外の何だと言えよう！

生命よりもただの機能、召しよりもただのパン稼ぎだとしたら！

我々を通じての弟子たちにイエスは一つの計画を持っておられる。

それがこのテキストの鍵であり、そのためにあなたが呼ばれている務めの鍵なのだ。

## ＊最初の弟子たちの特殊性

確かに11人の状況は特殊であり、彼らの背景にはキリスト教の輝かしい2千年はないし、カテドラルも神学体系もない。彼らの背後、すぐかたわらにはイエスの死と、まだ理解しづらく予想もしなかった出来事があった。空の墓、取り乱し歓喜した女たち、イエスの出現。

全ては終わったかのように見えたのに。

しかしここに新しい出現がある、おそらく彼らの生涯においては最後のもの、今日もそうであるように彼らの奉仕と契約を決心させるもの。イエスの出現。彼が来られるとき、一体何ができようか？ 復活者イエス、ふしぎにも、現在に帰すべき世から全く超え出る方。ひれ伏し讃える以外に何ができよう？

その足元にひれ伏す者たちがいる。テキストは彼らの魂の状態を詳しくは述べていないにしても。全ては完全に思われる。主の足元の弟子たち、これは既に典礼の一部である。地上を超えた天の喜び。美しく壮大であり、すばらしい。

典礼（リタージー liturgie）とは、仮死状態（レタルジー lethargie）の同義語では決してない！しかし福音の物語は記録では続かない。調子外れの音あり、既に天にある人々に冷水を浴びせるような事柄もある。「疑う者もいた」。復活を見た最初の世代の人々でさえ疑問を持った。幽霊なのか、幻覚なのか、まぼろしなのか？ 疑いの先輩たちと共に成長した我々は慰められつつ、しかし20世紀のアウシュビッツと全ての悲劇後、さらにはニューヨーク、ワシントンの惨事後の我々は、人間の愚かさの背後に神を見、信じるのに苦労している。信者である我々でさえも、教会や世界、自分たち自身の弱さを見ると迷いが起こる。カール・

バルトは言う、「私はよく知っている。立ち戻ってくるもののようにして、少し悲しげな無神論者の像が私の中に浮かび上がるのを」と。

＊イエスの言葉

「そこでイエスは近づき、彼らに語られた」。聖書物語ではしばしば山について語られる。十戒宣告時の雷、稲妻、パン頒けの奇跡、まぶしい変容。今やイエスは山上の説教時のように御言葉しか発しない、たとえ内容はいかに驚くべきものであっても。御言葉によって近づき、現在し、神秘を明らかにする。近づかせ、彼方が現在化し、神秘が輝くのは御言葉によってである。しかし御言葉はその距離を廃棄しない。イエスは彼らの肩を叩かず、彼らの親しみの中に侵入しない。彼は第七の天にまで彼らを導かないし、神がかりにしない。彼らに語る。弟子たちがこの言葉を以って結びつきつつ、黙想しつつ、生きつつ、疑いを超えて生きるようにと。とりわけ彼ら自身がそれを持ち運ばねばならぬときに。

語る前に彼らは聴く。弟子をつくる前に、彼ら自身がイエスの学び舎に身を置く。彼らにも我々にも他の道はない。風の中を、しばしば内的嵐にみまわれつつ、心にイエスの言葉を聞きつつ、神の約束に担われつつ、神に逆らって投げ捨てようとするときもしっかりそれを握りしめつつ歩く以外には。

ルターは言ったではないか、「我々はこの約束を以って神に平手打ちをくわせるのだ」と。牧会の務めとは御言葉を、第一に約束である言葉を蒔くこと以外に何であろうか？　おしゃべりや無駄話に堕さず、生命をつくり地平を開くイエスの言葉の幾分かを取り次ぐことを試みることなくして牧会的務めとは何であろうか？

＊イエスが語ったこと

しかしイエスは正にその務めを彼らに打ち明けたとき、何を語ったのか？　我々に何を語れと言うのか？

「天と地の全ての権威は私に与えられた」。

もし初代の弟子たちが、そして我々が派遣されるのなら、我々の熱心、経験、善意への意志、神学的素養が土台ではない。それらは実際考慮すべきだが、疑いの火には持ちこたえない。先ほど我々は、全権威を受けた方、外的には宣言しなかった方、サタンからではなく、他の山で権威を受けた方から派遣された。即ちイエス・キリスト。確かにその支配は、いまだ行動するサタンの専横の下にかくされている歴史の中ではあるが、しかし自分のときは限られていると知るが故になお行動する天のドラゴンは既に投げ捨てられた歴史における神から（黙示録12：9「この巨大な竜、年を経た蛇、悪魔とかサタンとか呼ばれるもの、全人類を惑わす者は、投げ落とされた。地上に投げ落とされたのである。その使いたちも、もろともに投げ落とされた。」）。牧会的務めは宇宙的視野の中にあるのであって、常にサタンと闘い、常に偶像と闘い、常にキリストの最高権威の保証がある。ブルトマン（Rudolf Karl Bultmann, 1884~1976）は言う、「勝利者キリストは永遠にたてられた」と。

歩け！「行って全ての民を私の弟子とせよ」。行け、山にとどまってはならない、どれほど教会の祝日が、祭儀が、静修が、祈りが大切であろうと。歩け！　動け！　信者、未信者を待っていてはならない。訪問せよ、近在だけを福音化することなく！　風見鶏にならず、しかしまた思想や様式や社会参加の場の変化を受け入れもしつつ。

「行きなさい」、それは複数である。派遣された者たちはグループ化するのだ。信仰へ、また弟子状態への呼び出しは常に個人的であり、務めへの派遣は常に交わりの領域を持つ。牧師はスターやソリスト、グルとしてではなく、常にチームの一員である。教会では使命を他と分担しあう。たとえしばしば仕事が重みなく、ただの助力にすぎないとしても。

**＊イエスの権威と我々の証し**

「弟子とせよ」。人々はこの表現に驚く。しかし新約聖書には3度しか出てこない。実際、我々は弟子とする権利を持っているのか？　呼び出し、弟子とするのは主ではないのか？　弟子たちが結びつくのは我々にではなく、キリストにという理由で。教会での牧師と信徒の間の親しい関係が重要だと言われるのなら、我々は証人にすぎず、福音の所有者ではない。我々は互いに自身を宣伝するのではなく、絶対他者の権威を証言する。それに価する神の褒め讃えであって、我々の人格への誉めそやしではない。

かくしてキリストが我々を自由にしてくださったように、我々の言葉は人々を自由にする。我々は意志操作や洗脳するのではなく、呼び出し、形成したいし、イエスの弟子たちとして伴いたいのである。それは第一に知識（理解）の問題ではなく、人生の、目標の、参加の、道の問題なのである。

**＊教えることと洗礼を施すこと**

しかしまた、教えることがある。「あなた方に命じておいたことを全て守るように教えよ」。この教えは教理を目的とせず、イエスの言葉を守り、その道をたどれるようにするのだ。あなた方はテキストでイエスがどれほど視野を広げたかを記憶しているであろう。派遣者たちは語り教えるだけでなく、洗礼を授けねばならない。論証し、かつまた聖餐の問題もある。しかし使徒の道の初めでは洗礼があるのであって聖餐ではない。歴史上、プロテスタントにとっての印は説教の特権化であって、サクラメント、典礼、祭儀が忘れられたことは想起すべきである。ところがイエスはその学び舎、弟子たちの共同体においては像（イメージ）と具体的事象を用いておられる。水、パン、ワイン、唾、手。これはつまり牧師の行為においては、書物、言、理性だけではなく、動作、身体、見えるものがあるということである。

**＊世界領域での福音**

ストラスブール、サン・ピエール・ジューヌ教会においては我々は最近修復された古いフレスコ画を見ることができる。それは国々の歩みがキリストに向かっていると示している。テキストにあるではないか、「全ての国々を弟子とせよ」と。もちろん我々は反対の出来事を知っている。キリスト教主義国家は数世紀にわたって非キリスト強化の動きをとった。しかしそうだからと言って、我々は弟子たちが信じた宣教の普遍的使命を捨てるべきなのか？　我々はもはや地の果てにまで行くことの法を持たないのか？　教会の証しや使命を我々の小さなテントの中にしまいこんで、少人数の信徒だけに福音を語るのか？　我々は試練の全て、即ち教区の落ち込み、中枢部の落ち込み、教会、告白の落ち込み、内面の落ち込みを知っている。しかしどれほど時代の抵抗風が吹き荒れ、退却と気後れに誘うセイレンたち（sirenes ギリシア神話の美声の精）が居ようと、我々の宣教の視野は広大である。

国々の主を証言しよう、すべての人に約束された救いを断言しよう、時間はあきらめにではなく、喜ばしい確かさへと向かうのだから。

# 共に歩く（ローマの信徒への手紙15：5―7、13）

2005年ストラスブール、サン・ピエール・ジューヌ・カトリック教会：一致週間説教

（著者注・エキュメニカル訳聖書使用）

## ＊エキュメニカルな挑戦

結婚して40年も経た夫婦には、とりたてて話すべき大事なこともないように思われる。最初の情熱の後には慣れが、ついで硬直化と倦怠が来る。カトリックとプロテスタントはもはや語り合うことは何もないこの古いカップルにたとえられるのではないか？　バチカンⅡ（第二バチカン公会議 Concilium Vaticanum Secundum, 1962~1965）の春の後、40年が過ぎた。今や倦怠、単調、硬直があるのでは？　ある人は冷却状態とさえ言い、さらにはエキュメニズムの後退、あるいは今や、互いの宗教間対話という名に置き換えられた作動停止（状態）だとも言う。小教区間やアルザスの教会間のことを引き合いに出して、我々が変えて

きたこと、変えるべきことを問うのはあながち無駄ではなかろう。アルザスでは半世紀近く、カトリック・プロテスタント間の関係があったと考えるなら、神に栄光を帰すのがふさわしい。しかし我々には、最後の10年間にはもっと深化させ、具体化していくことが残っている。

＊路上の葉

テキストは、我々に取って共に伸びて行くための幾葉かを路上に落としている。数節はエキュメニズムを求めるための標識のようなものだ。それは常に祈りに始まり祈りに終わっている。どのようにして我々は互いに教会や教区の内部へ、また同様に、他のキリスト者と、他の教会と共に互いに歩み寄ることができるのか、外部的絶対他者の活力、願い、勇気、力を日々受け取ることなくして。エキュメニカルな熱心は疲れ安いが、我々を超えて、テキストが粘り強い神と呼ぶ方が居られるではないか。エキュメニズムの歩みはこの神のまなざしの下に置かれており、この方が始まりであり、かつ大きな出来事の神であるだけでなく、小さな歩みの神、日常の忍耐の神でもいらっしゃるのだ。どのようにしてこの忍耐に追随して行けようか、謙虚、継続、共通の祈りなくして。我々の教会生活における種々の活動、参加、契約、願いと聞き届け、等などが何になろうか、それらの中心に日々祈る人々の繋がった手がなければ。彼らは祈る、神の前で沈黙し賜物を期待し、時間を期待して。

私は蜘蛛の糸の織物について語りたい。壮麗な釣り鐘が中心を囲んで菱形、台形、長方形とあるが、しかしその糸を何かで切れば、その織物は針状に宙ぶらりんとなり、くずれ、しわになって消える。我々の教会や信徒状況もそうではないのか。常に我々自身に、その努力、計画にぶらさがっているのか、あるいは常に忍耐と慰めの神の糸にぶら下がっている存在なのか？　祈りの後にその肩に担われ養われて、熟慮が、共なる熟慮がある。「忍耐と慰めの源である神が、あなたがたに、キリスト・イエスに倣って互いに同じ思いを抱かせ（5節）。「キリエ・エレイソン」を唱えたり、「アレルヤ」を叫んだりするだけでは十分ではない。もしそれが重要であるのなら、我々もまた事情をよく知ったうえで明晰に同じ目標に向かって身を伸ばさねばならないし、分かち合って、同じ信仰を言い表すのだ。気持ちや計画実行、やる気や手腕だけでなく、頭が我々にはあるのだし共に考えねばならない。付属物の本質を見分け、イエス・キリストに根ざすために。「全ては美しい、全ては優しい」と言っているだけでは十分ではない。愛の傍らで要求も必要だ――真理と福音の基準にかかわる要求が。イエス・キリストに従っての同意、あるいはイエス・キリストが望まれるように。これは知性偏重主義ではないし、細心すぎたり、天使の性を論じたりすることとも違う。我々がイエス・キリストにかかわることで言ったりしたりすることの全てを判断する、止むことのない努力である。

我々の典礼、説教、活動は、神の恵みを知るためにイエス・キリストにあって明らかにされたことを、よく反映しているだろうか？　つまり、イエス・キリストにある了解とは画一性ではない。一体性とは一色ではなく受け取った賜物の多色の虹である。初代キリスト者は既に4人の福音史家を持っていたし、たとえばヨハネと他の3とはトーンもアクセントも違っていた。キリスト教二千年においては決して一体性はなかったし、時の終わり迄ないだろう。キリスト教とは同じ歩調で歩く一連隊ではない。使徒パウロの望みは、互いに我々が、唯一にして同じ救い主イエス・キリストを信じていること、彼によって、彼によってのみ、我々は救われ、新しく生まれ、聖化されたと明らかにして行くことなのだ。この確信はルター派とカトリックが、義認の教理を共に宣言した1999年に明白でなかったか？　確かに伝統的アプローチの違いは鉋で削り落とされてはいなかったが、本質についての同意の基礎に立って相違は和解されていた。即ち、神の前での罪人の義認は恵みによってのみ、信仰によってということ。

共なる祈りの後に来る道の葉の3番目の標識は、受容である。「だから、神の栄光のためにキリストがあなたがたを受け入れてくださったように、あなたがたも互いに相手を受け入れなさい」（7節）。これは我々の教会や場所を他へ開放したり、共同の集会を持ったりすることだけにあるのではなく、共に祈り考えるために自らを見出すことが大事なのだ。しかしそれはまずもって、常に互いに相手を尊重しあうことであり、キリスト者として他方をイエス・キリストにある兄弟姉妹として受け入れることであり、自分たち以外にイエス・キリストの教会があると認識することであり、彼らは見失われたり迷ったりしている羊たちではなく、彼らの方法で、我々同様キリスト者なのだと知ることである。

これはまた我々が、主の食卓に受け入れることを示す。一方の言葉で他方のために、早速幾つかの条件の下で、ストラスブールの元司教、エルシンガー卿が実行したように〔リエンナール著“Identité confessionnelle et quête de L'unité”109～116頁参照のこと。（訳者注）〕今すぐにでも、我々は受け取った賜物を分け合うことへと招かれている――プロテスタントの昔からの聖書への親しみと、カトリックの崇敬とミサ聖祭の意味とを、カトリックの教会の意味とプロテスタントの自由な個人性思考嗜好とを。

しかし他方を受け入れることはまた、分かち合う福音の同じ名の下で、彼らを問うことであり、信じ方、教会生活のやり方、福音との関連による信仰について、尋ねることでもある。

アルザスの小さな村である夜、酔っ払いが路上で叫んでいた。彼が司祭館の前を通りかかったとき、司祭が目覚めて思わし気に窓を開けた。

「何か問題があるんですか？　何か文句があるんですか？」

彼は答えた、

「司祭さん、あなたは私に言うべきことは何もありませんよ、私はプロテスタントなんだから」。

この男と違って、我々は言うべきこと、語るべきことは一杯あると思う。プロテスタントとカトリック、さらには信仰生活の方法について釈明を求めることが。

「あなた方プロテスタントでは聖書との親和性はどのようにやってきたのか？　教会とその生活については？」

「カトリックの友人方、あなた方は教会での権威執行はどのように行うのか？　地域教会や霊性の多様性や平信徒に、どのようにして道を譲って行くのか？」

この相互尋問を超えて、我々は互いに絶対他者、我々を受け入れ派遣する、即ちイエス・キリストから問われてはいないか？　ヨーロッパのキリスト者たちよ、あなた方は福音の何を学んで来たのか？　消費増加で世俗化する社会の只中で、あなた方の証言、共通の証言はどれ程であるか？　あなた方の確信を子供たちや隣人に伝えることはどうなっているか？

## ＊目標

テキストは明らかに我々共有の歩みの目標を示す――二つある。

第一に共に神を讃えること。第二に喜び、希望、平和の存在となること。「心を合わせ声をそろえて、わたしたちの主イエス・キリストの神であり、父である方をたたえさせてくださいますように」（6節）。キリスト者生活と教会生活において、全ては讃栄へと導く。

何故ならば、クモの巣のようにして他へ、つまり信仰へとぶら下げて、日ごと忍耐と慰めの神は我々を担い、持ち運び慰めてくださるのだから、どうして神に栄光を帰さずにいられようか、受け取った恵みを祈りを通して神に。

我々の二つの教区が共に賛美を歌ったとき、それを共に成し得たことは何という恵み、何と美しい象徴！　デカルト（René Descartes, 1596~1650）は言った、「我思う、ゆえに我あり」。我々は言おう、「我讃美す、ゆえに我あり」。神へとたちのぼり、創造者に結びつけ、私のある種狭苦しい人生を限りない地平へと広げる頌栄の中で、私は真実、存在する。

しかし道の目標はまた我々各人、各教会が信仰のうちに平和と喜びの場、存在となることである。もちろん悲しみの聖人は、聖い悲しみの人でもある。（しかし）キリスト者、教会である限り、我々は氷や冷蔵庫の役目には適さず、指を立てて文句を言ううるさ型にはならず、出会いたい訪れたい場や存在に、喜びを輝かす人々に、彼らや他者との平和の内にある存在になるのだ。「希望に満ちあふれさせてくださるように」（13節）。福音に根ざし、互いに和解して、今の時代の現状や滅びに飲み込まれることなく、来たるキリストを待ち望むのである。この世と悲惨は過ぎ去ると知っているし、いつの日か神は、その限りない偉大さを現したもうと知っているのだから。信仰の交わり（en communion）において我々は互いに、喜び、平和、希望の存在なのである。

# 三つの言葉、恵み—信仰—イエス・キリスト

（ローマの信徒への手紙3：21—28）

2000年1月21日ストラスブール大聖堂、
1999年のルター派カトリック義認の教理共同宣言記念

我々は只今、義認の教理がカトリック、ルター派間で共有された出来事について、祈りによって加わるためにここに集められている。実際、世は信仰義認のメッセージからは程遠いものがある。それは法、市民法、道徳法の世であり、我々の社会には善同様、悪の存在も許容している世である。経済と効率の法の世であり、我々は生産者、消費者、あるいは全くなにものでもないかの世である。自己存在証明のためには、成功するか、名を成すかせねばならぬ世である。人間の光の世であり、常に人間の求め以上に科学と技術の花火が絶えず打ち上げられる世である。

*我々の闇

しかし我々は「闇」を生きてもいる。世俗的キリスト教という火山を噴火させ、あたかも神は死んだかのように生きている。「疑い」と共にも生きている。カール・バルト（Karl Barth, 1886~1968）は言った、「私は時々、幽霊のように私の内に立ち上がってくる悲しい面差しをした無神論者の顔を知っている」。

またキリスト教が必ずしも輝きを放ってはいなかった世紀の闇を生きてきたし、教会と信者たちがアナテマ（破門）をつきつけあい、また銃で対立した時代もあった。確かに教会は、地上に聖人たちも存在するが、同様に罪があり、否認、臆病、腐敗に満ちてもいた。「人は皆、罪を犯して神の栄光を受けられなくなっているが」（23節）。

*標識を置かれた道

しかし終わりのない夜、消える花火、押しつぶす重荷だけがあるのではない。我々の近くには神の言葉、面前には備えられた道、我々の内にはまっすぐな心意気がある。ルター、アブラハム、パウロ、アウグスティヌス、十字架のヨハネ等、証言者たちの雲の道でもある。

それは私の道でもあり、常に立ち戻ってくる洗礼と古き人の死の道でもある。

## ＊恩恵―信仰―イエス・キリスト

テキストから三つの言葉が浮かび出てくる。それらは洗礼によって開かれた道標でもある。恩恵、信仰、イエス・キリスト。恩恵についてシモーヌ・ヴェイユ（Simone Weil, 1909~1943）が言っているが、重力に反して高き方へとまなざしを向けさせる奇跡であり、広がる空間であり、奴隷の額の汗からの解放である。働くしかなかった奴隷がある日、業からの解放を受け取ったということである。これは労働の代価だけを意味するのではない！本当にタダなのだ、太陽と命がタダで与えられたように。しかし神学者たちが言うように補え、解放し、義化し、聖化する恩恵だ。何故なら恩恵は物ではなく、神が愛してくれたまなざしであり、それは私を包み、成長させるのだが、どうやってこれを受領できようか。空になり、棄てて、自己を超える信仰以外によっては。

「信仰のみ」、ルターが訳したように。エキュメニカル聖書訳によれば彼は正しかった、「パウロがセム的方法で考えることを認めるなら。何故ならアラム人は、西欧的使用では必要不可欠とみなされる『のみ』という言葉を省くからだ」。つまり神とその恩恵は道徳的努力によらず、我々の側の理によらず、特別な奇跡同然だという意味だ。我々キリスト者にとっては義認し、まっすぐにし、解放する信仰は常に恩恵を与えた方、イエス・キリストに結びついている。テキストは「イエス・キリストによって成しとげられた解放」と言う。この方はヴォルテール（"Voltaire" François-Marie Arouet, 1694~1778）が言ったような「無骨なソクラテス」ではなく、完全なモデルでもなく、悪に打ち勝ち、勝利の生命であり、私に世界を開く鍵なのである。十字架のヨハネいわく、「天は私のもの、地は私のもの、国々は私のもの、正義は私のもの、罪人、天使、神の母、全ての被造物は私のもの。神御自身は私のもの、私のためのもの、何故ならばキリストは私のものであり、丸ごと私のものだから。私の魂よ、何をたずね、何を探しているのか？」

信仰によって、そのつながりによって義とされた、これはそれほど複雑なことなのか？最近の赤新聞（Le Canard enchaine）が書いたように信仰義認の教理とはラグビーの規則と同じくらい複雑だというのか？　我々に素朴になじんでいる大きな確かさの主張ではないのか？　神は居られ、我々の神は夢、幻ではなく、運命の重さではなく、イエス・キリストの姿をとった絶対の友の親しさ、誠実さの確証ではないのか？　キリスト者も含む全てのペシミストに抗して、人間は深みに押し込められてはおらず、成功や失敗、まちがいやあやまちの足跡をとどめず、否、寛大な方の呼び出し、恩恵のささやき、既存ではない他の生命だと断言すること。これがカトリックもプロテスタントも、今日共に断言し得るメッセージなのである。

我々はどこへ行くのか？ 我々はどこから来たのか？ 我々は輝く朝と抑圧の朝からやって来た！

どんな道に置かれたのか？ 自由の道である。しかし今、行くのか？ 行動の生命の中へと戻るのだ。昼夜祈ることへと呼び出されてはいないのだから。我々は招かれている、無理やりにでも。社会の、教会の、農夫として義務を引き受けることに。「人は鳥のように、飛ぶために、働くようにとつくられている」とルターは言った。また「経済と政治にかかわらない聖人はだれもいなかった」とも。

しかしここに我々は歌うために小さな祝いを設け、恩恵に輝く小さな灯があり、我々を取り囲む新しい軽やかさがあり、日常の仮死状態（レタルジー）を出て、典礼（リタージー）が我々を引き行く。我々の教会において信仰義認の偉大なメッセージを伝え、具体化し、牧会、権威の発動、教え、聖礼典執行、またモラルの高揚においても、教会唯一のレゾンデートルであるイエス・キリストを明らかにして行くのだ。これが恩恵に仕える存在であり、信仰へと呼び出すことになる。

我々はどこへ行くのか? 我々の世界はどこへ? 魂のないヨーロッパへ? 人間性破壊のグローバリズムへ? キリスト教終焉、神なき宗教へ?

一つの声がきこえる。つまるところ、彼の元へと、父へと向かうのだと。

鳥は巣を持ち、川はいやおうなく大洋へと流れ、子は父を見出す。だから我々は歌うのだ、今も、そして永遠に。

# 行く手には（ヘブライ人への手紙11：8—6、23—30、12：1—2）

サン・ジャック・コンポステラ巡礼途中、コンク大修道院での説教

サン　ジャックの道をたどるべく我々はここにいる。ベズレから、オランダから、イタリアその他から出発して全員が、何世紀にもわたって同じ冒険についた多くの人々の後を歩んで行く。何故サン・ジャックの道をたどるのか？　しかるべき理由がある。

ある人々にとっては良いスポーツ！　一日30～40キロをこなすのは、トゥール・ド・フランス（Le Tour de France）ほどではないが、大したことだ。とりわけ30歳を超えた人々にとっては。またある人々にとってはカルチャー発見である。千年以上も前の教会、チャペル、ロマネスク、ゴシック、バロック建築教会の数々の美しさに見とれる。大修道院建築、その石、完成した形、後陣、柱頭、日没時の光に溢れるタンパンにどうして抵抗できよう？　最後にある人々にとっては霊的、即ち信仰の冒険でもある。広大な沈黙の中での秘かな祈

りの場で、世々に渡る過去の聖徒たち、そして今回の仲間たちとの交わりの中での神の発見。

## ＊サン　ジャックと聖書の人々

しかしサン・ジャックの道と、この道を歩く我々の足どりと、聖書によって確証される物語、イスラエルの民の物語、とりわけ全キリスト者の初めにかかわるイエスの物語との間にはどのような繋がりがあるのだろうか？　一見すれば何もない。イエスは巡礼者団を設けなかった。聖書は語っていないし、ましてサン・ジャックの道に至っては。はっきり言おう、サン・ジャックの道なくとも、全く21世紀のキリスト者ではあり得るのだ！

それでも聖書はしばしば道をたどることについて触れている。信仰者の父アブラハムは、ある日祖国を去り、神が示す地へと上った。モーセは自分の民と共に、エジプトを去り、約束の地へと向かった。イエス自身、古代の哲学者のように弟子受け入れのために、静かにナザレやエルサレムに留まるということをせず、絶えずパレスチナの埃っぽい道を上って行った。使徒パウロ、彼はパレスチナから小アジアへ、さらにギリシア、ローマへと向かった。彼もまた足にマメをつくっただろう！　その他のイエスの弟子たちはしばしば二人組となってエルサレムの彼方へと福音を運んだ。

*今日、道をたどる者たち

我々はアブラハムでもモーセでもないし、オーブラックはシナイではないし、サン・ジャック・ド・コンポステラはエルサレムではない。行程の後には、少なくとも21世紀内に、我々は安心して各自の家に帰り着くだろう。ルートは確かだし、道々かかりそうな病気もなおってしまうだろうから。

しかし道は一種の招待、さらには手引きではなかろうか？　聖書の証人たちと、道をたどった全時代の人々の状況の中に入ることへの。さらに遠くへ、地の果て迄行くための呼び出しのようなものでは？　彼方へ、さらに遠くへ、我々は五つの処方を試みることができると私は思う。

第一に簡素な道に入ること。我々ヨーロッパ人の生活環境でもあり、しばしば生存理由にもしてきた、結局は無用な山ほどのものをしょい込まないこと。「一切の重荷をかなぐり捨てて」(ヘブル12：1)。サン・ジャックの巡礼者たちは荷物をグラム単位で減らすことを知っている。もし我々が人生において無用なものや細々とした事柄を処分することを学ぶなら、生きるためのものや事柄はほとんど必要ないと再履修するのでは？　次いで努力への招き。

受け、楽しみ、儲けたいとだけ願う消費社会から抜け出して、自分の身体を差し出したり与えたりすることへと入って行く。そこには足のマメがあり、日射病あり、渇きと疲れがある。ヘブル書は忍耐を教えている。キリスト者の基本的状態とはこれではないのか?道は我々に沈黙の声の内に、もっと遠くに行くようにと教える。

道はまた「雲のような証人たち」との交わりへの呼び出しでもある。聖堂のファサードの前で立ち止まり、あるいは内陣に入り込む時、数え切れない信仰の証人たちが変らず我々を受け入れてくれる。アブラハム、イサク、ヤコブ、モーセ、ダビデ、旧約の預言者たち、また使徒たちが居り、全ての人々の真中に栄光のキリストがおられる。聖書の時代を超えて、ある時代いのちをささげたキリスト教史を彩る男女、聖人、敬虔な信者たちがいる。過去の証人たちだけではない。こんにちの男女がいる。人々は道で、宿営地で出会う。確信に満ち、しかし探し続ける男女。教会について思い悩む聖職者もいれば、絶えず足の痛みに悩むが喜びに満ちたオランダ人もいる。クリストフがいる、ボロ靴を履き、家族からは疎外されているが、チョコレートを買い忘れた人々とそれを分け合う。

止むことのない出会いと対話への呼び出し、彼方へと、地の果てへと行くことへの呼び出し、我々の習慣と確かさから脱け出て。サンジャックの道は常に新しい冒険であり、我々の生命の続く限り、日々呼びかける神の召しだしではないのか？道は遂にはかなたを見ることへと招く。我々自身と、その限界を、その弱さを、またいかに有名であれ、過去の聖人たちを越えて。サン　ジャックを超え、いかにそれらが美しかろうと、我々の教会を超えて。我々を持ち運び、支え、憐れみの内に我々を受けとめ、立たせ、前進させる方、イエス・キリストを見つめるために。「イエスを仰ぎ見つつ」とテキストは言う。彼こそ信仰の頭であり客である。

**＊新しい出発の時**

あなた方の内、多くはサン　ジャックの道を歩まなかったし、歩もうとしなかった。人は人生で、過去には経験しなかった声を見出すものだ。しかしサン　ジャックがあってもなくても、カテドラルがあってもなくても、中世があってもなくても、こんにちかつてないほどに緊急のことがらが起こっている。それはこんにちの神の呼びかけだ。途に着くように、行動し、習慣から、予測から、エゴイズムから全てのとらわれから出よ、もう一つの地平へ、もっと広やかなところへ、との呼びかけだ。ウルテリア、地の果てへ。消費社会の金の仔牛を超えて。即ち二次的なものと本質を見分けることへ、くだらない役に立たないものから自らを引き抜くことへ。

このヴァカンスは新しい出発の時になり得る。くつろぎと観光のとき、南西部のグルメのときではなく、沈黙のとき、神の声を聴くときとして。これは労働の家畜、消費する機械としてではなく、人間として生きよという呼びかけなのだ。この声は小休止を、しばしば自分自身と、またパートナーと平和のときをつくれと招いている。

かくて我々は行動する存在を止めるだろう、真に目標に向かって、地平へと向かって途に着くために。

かくて我々は、城壁が落ち、紅海が割れ、そしてイエスの喜びに包まれるという、過去の証人たち同様の経験をするだろう。

## 音楽は悪魔を追い払う（詩篇149：1―6A）

オルガン奉献式において

＊聖書における音楽と歌

聖書では預言者イエスの言葉、彼らが発した教えと語彙だけが問題なのではない。聖書はタンバリン、ハープなど神を讃える楽器に言及している。また太陽、月、木の葉、花も神の栄光を歌っている。羊飼いたちによきおとずれを告げ、周りを取り囲んだ天使たちが居り、イエスの誕生をこう歌った。「天のいと高きところでは神に栄光」。つまりは神の善き意志に突き動かされ、感動する人間たちがいるのだ。イエスが癒した人は家に帰り、神を讃えた。また弟子たちは復活したイエスに出会ったし、悲しみは喜びに変えられ、彼らは主を讃えた。讃美は時を貫いた。

4世紀以来、オルガンはヨーロッパに入り込んだ。そして我々の時代に至る迄、新しい歌が生れている。賛美歌集が定期的に更新されるほどである。我々が喜ばしく歌うのは正しいのか。世界では人々の3分の2が食べるにこと欠き、森林や町は公害化し、失業者が居り暴力もあるというのに。教会を美しく飾り、オルガンを修復したり新しくもしたりして、頻繁に音楽を奏でるのは正しいのか。アモスは言った、「私から歌を遠ざけよ、リュートの音は聞きたくない」(アモス書5：23―24)。しかし彼の声だけがあるのではない。詩篇がある、「主に向かって新しい歌を歌え、タンバリンと琴で歌え」。詩篇作者の時代もまた全ての面で絶望はあったし、当時のイスラエルには多くの貧しさがあった。にもかかわらず、彼は信じる者たちが神を讃えることをすすめるのだ。今日もそうするのに三つの理由がある。

第一に、神が日々我々のためにしてくださることを忘れ得ようか？　与えられる健康、延びる寿命、友人たちとの出会い、試みのときに包んでくれる家族と共同体、そして最後の審判のときにはよみがえりのキリストと、彼から与えられた確かさがあるというのに。鳥はさえずり、自然は生命を鳴り響かせているというのに、自分の中に逃げ込み、自分のためにとことを案じて固執する。何故伝えないのか、歌を、礼拝を、音楽を通して。

二番目のこととして、神を讃えるとは闘うことなのだ。悪魔と闘うのだとルターは言ったが、「悪魔は悲しみの霊であり、喜びを生み出せず、音楽からはほど遠いもの」とも。神は我々の周囲にどれほど死の支配があるかを知っている。難癖をつけて諦める精神はヨーロッパを支配し、傷つけ、疲れさせ、贅沢にし、フォンテーヌの物語の知恵者のように、豊かになった後には歌えなくなってしまった。

教会は人が歌い、音楽を奏でる場であり、共同体としての召しを持っている。実際教会は復活者キリストと共なる場所であり、共同体であり、人々は悲しみ、あきらめ、敗北に抗して立つ。また悪魔を滅ぼす神の笑いが反響する場なのだ。

歌と音楽は行動することを排除しない。礼拝は普通ディアコニー（奉仕）へと導く。とりわけ、我々キリスト者は、神は全ての被造物の幸いを願っていると知っている。アフリカ、アジア、イラク、アフガン、イスラエル、パレスチナが歌うことを神は願っている。人間が歌い、アフリカの象が喜び鳴き、川の水が輝くことを。だから歌う我々は、涙して苦しみ死ぬ人のそばを離れないでいよう。我々の歌と音楽に加わる人たちを強めよう。我々は全ての人々が、疲れた手がタンバリンを叩き、人々の息がトランペットを、フルートを、クラリネットを響かせるようにしよう。

三番目の、この勧めを聞く十分な理由がある。聖書の中の言葉だ。「神を讃えよ！　歌え！」人間の声でそれをする。ひどく乏しい声ではあっても。大声で強く歌いたい。黙っているよりはよっぽど良いのだから。詩篇は「信徒の集まりで」の、共同体の歌へと招く（1節）。我々は宗教改革の地平の真ん中にいる。ルター、カルヴァンによれば、礼拝に集う人々は、教えを聞くだけでなく、歌う務めに参加するのだ。万人は司祭であり、皆が信仰を言い表し、神を祝うことへと招かれているのだ。

**＊オルガン**

オルガンだって？　全くこれは何をするのか？　本当に必要なのか？　オルガンなしでも讃美はできるじゃないか！　しかし「楽器の王」と呼ばれるオルガン以上に讃美にふさわしいものがあるだろうか。受肉のふしぎや羊飼いのメッセージの響き渡る喜び、ペンテコステの聖霊の力強さをときあかす言葉を飾り、あるときは沈黙へ、黙想へと導く。オルガンは我々の讃美の助けとなる。オルガンは我々を押し潰さず率いて行く。オルガン演奏は、讃美を全楽器の一群の領域へと広げて行く。フルート、鐘、トランペット、ラッパ等へ。我々の小さな声もしばしば多声によって豊かに広がり、雨あられとなって降り注ぐ。音の襲撃の中でのフルートの優しさはどうだ！　我々の声、技術、楽器を以って神の豊かさに答えるのは一つのありようではないか？　私は思う、歌と音楽は我々を結び合わせる、また同じ歌を歌い、同じ音楽をきく信徒全てと、また昔の聖なる人々とに結びつけるのだと。

うちそろって主をたたえよう！

# 現代の善きサマリア人、ディアコニー擁護論（ルカ10：25―37）

1999年4月18日、ストラスブール・プロテスタント相互扶助集会説教

＊礼拝の民は危いところだった

よく知られているこの物語には反聖職者至上主義の見方がありはしないか？　教会の人々、祭司　レビ人は誤った。彼ら礼拝の、宗教前提の人々は彼らの道を通り過ぎた。サマリア人は為すべきと思われることをした。傷ついた人を助けたのだ。かつてそうであったし、今も彼はある種ディアコニー（奉仕職）の業の代弁者となっている。「我々はせねばならぬことをしよう、行動しよう、各教会では語ってはいるが！　サマリア人の業に続こう！　教会とその代表者たちはこの道を行くのだ」。教会には行動する代わりに語ることで満足する誘惑がある。しかしこの物語の深い目的はそこにあるのか？

物語はレビ人と祭司は礼拝へと急いでいたとは言っていないし、礼拝は傷ついた人を助

けるよりも大事と思われたとも言っていない。イエスは相互扶助の宗教に反対しない。ある意味からすれば、祈り・賛美・共同体生活もまたディアコニーの形である。人生に傷ついた人は多く多様でも、「傷ついた人」とは総体なのだ、身体と魂との。しかしはっきり言われているのは、礼拝者・キリスト者は一般的に落ち度から逃れているわけではないということ。恐れや無関心その他の理由で祭司とレビ人は彼らの道を通り過ぎ、やりとげるべき人間の基本的行動を無視する。おそらく彼らは助けるのは不可能だ、その勇気を持ち合わせていないし、薬事法に反するかも知れないと思い、さらには他人の血による汚れを恐れたのだ。

現代でも正統的理由はある。他人の絶望　失望に直面しても、何もしないですませる十分な理由が。

おそらくもう少し遅ければ何かをしたのか？　エリコ途上でサム（le SAMU　救急医療サーヴィス）へ急報することを私は想像するのだが。「もうダメだ、警察は何をしているのか？エリコとエルサレム間には何の保障もない」と。また他の場では「ローマとその同盟であるオタン（OTAN　北大西洋条約機構）が介入すべきではないのか？」などと。

続く会議では外国人や貧しい人々のための活動が決議されることになると思う。実際彼らは為すべしと思われたときにそれをしなかったのだ。

＊同情したサマリア人はすべきと思われることをした

例のサマリア人に戻ろう。知られざるディアコニーの兵士に。彼はすべきときにそれをする。何故なら他の人間はそれをしないから。これはまた19世紀に我々の働きや運動の創設者たちがやったことでもあった。産業社会勃興の只中で、公的機関に任せて誰も携わらないことを援助した。

テキストを黙想して私はサマリア人のかかわりの初めで言われていることに心打たれた。「(彼を見て) 気の毒に思い」。彼自身の深奥である。これは正にイエスが群衆や貧しい人々を前にして言われた言葉である (マタイ9：36、15：32)。この反応は感情からではなく、呻きと軋みから出るのだ。サマリア人は溜息に終止せず行動する。傷ついた人へ、はらわたから出る道、人の心から行動への道がある。「気の毒に思い」、要するに愛の行動は単純に理性の業ではなく、人間全体から出るということである。

＊個人的なかかわりは代替が効かない

私はあなた方が、19世紀の人たちの扶助構想に対してしばしば非難する幾つかのことを耳にする。「彼らはそのアクセントを個人的なかかわりに置きすぎたのではないか？　我々は今日、むしろ組織内の貧しい人々に仕えるべきだと認識しているのだが」と。実際我々は大小の奉仕団体があるのをよく知っているし、高度な機能も備えているが、それらは人々の心によって、つまり、「気の毒に思って」担われてはこなかったのでは？

サン・テグジュペリは言った。「心でしか、よくは見えない」と。我々は個人的扶助の限界と善意だけでは十分ではないことを知っているが故に、グループを作り、専門化し、組織し、合流し、同意し、周知されることを思い起こすべきだ。呼びかけは響いていると我々各人に告げられる。あなたは誰の隣人なのか？　あなたは心を、壁を、礼拝を、教会を、財布を、時間を開いているか？　ルターは言った、「誰も私の代わりにできない。誰も私に代わって信じることはできない」と。確かに自分たちの必要としている病院、専門的施設については自然に進む。我々はダイナミックな行政施策を必要としているし、それが新しくなることを期待する。立派な政治構造を必要とするし、もちろん施設が、しかも最高の施設が貧しい人々のために準備されることを。

しかしディアコニーとは委託するものではないのだ。わかちあうものだ。

我が街に、扶助協会があり、教会から二歩の場所でプロテスタント社会センターが活躍しているし、カトリックのカリタスと、ストラスブール社会奉仕団もあるのは事実である。ディアコニーとはわかちあいである。これこそサマリア人がしたこと。行動せねばならぬとき行動し、エリコとサマリア間で彼だけが、それができる力があって、しかし宿屋に着いたときには、宿屋の手当てに委ねた。長期間留まったわけではないし、介護やアフターケアをしたわけではない。必要なこと、できることをやったのだ。今日、それは他人とかかわるということだ。

「翌日、デナリ二つを取り出して宿屋の主人に手渡し、『この人を見てやってください。費用が余計にかかったら、帰りがけに、わたしが支払います』と言った」(35節)。

**＊批判されるディアコニー**

我々は今日ディアコニー批判の声を聞く。精神病理学や分析者たちは我々にそのリスクを説く。つまり助けたいと願う人々はやりすぎて壊れてしまう、何故ならその人は必要とする人々に対して、必要な距離を置かず、あるいは過剰になってしまうと。これを救済者シンドロームと名付けている。理想的愛他主義を以って、本来の必要を覆い隠したり、完璧な見せかけで装ってしまいがちなのだ。実際助ける人自身が助けを必要とするのだが、この人は欠如している自分の状況を他人の上に放り出している。かくして彼は必要な距離を置かないままに、自分の力を超えて与えてしまう。

＊わかちあうディアコニー

サマリア人は救済者シンドロームに苦しんではいない。傷ついた人から距離を取っているし、礼を言われるのを期待せず旅を続ける。最低必要なだけの費用を託して。これは援助の限界を知ったやり方であり、やりすぎに同化していない。さらには彼は一人で行動していない。二番手の者はヴォランティアではない。つまり宿屋の主人に彼も負担せよという、利他主義を強要していない。助けるということは多数が良いのであってシンドロームに気をつけること。歴史においては少なくともグループであり、奉仕女・奉仕者の小グループはキリスト教的動機で必要者に仕えるとき、この形をとった。オーベランはルイズ・シェプラーと組んだ。フランソワ・アエルテル（1797~1874, アルザス福音教会の創設者、ストラスブールのディアコネスの祖）は傍らに奉仕女団体を率いた。われわれが容易に理想化してしまう創設者たちの強い印象もまた、彼らを孤立化させるのだと警戒しよう。また自分たちがやらなくてはと思い、その責任を担うのだという思い上がりも警戒しよう。他にもテキストの初めは二つの戒めの間の区別を教えてくれる。「神を心から愛せよ、力の限り、思いの限り。また自分自身同様隣人を」。神は我々の全体を望まれる。もしサマリア人が力の限り、傷ついた人を愛したのなら2デナリ以上を与えるべきだった。しかし隣人は神ではないし、隣人への援助の限界を知るべきだ。サマリア人は休暇を取り、旅を続ける。

＊支配するために仕えるのか？

社会活動同様、ディアコニー活動に向けられる他の批判がさらにある。多少とも巧妙な支配のやり方だと。つまりは援助の全体にわたって支配する必要があるという、隠れた手段を満足させるためだと。これは我々の誰にでもある。より劣った状況の中に座する人をそのままにして置きたいという傾きにおいて。機構についても同じ方法の疑問が残る。それは援助必要の法制化を締め出し、困窮を生かしてしまうのではという疑問。かくして我々は、社会活動は、現状維持のための葛藤除去にすぎないとの批判をきくことになる。要するに援助とは支配の曲がった事実にすぎないというわけだ。

ある注解者たちは、隣人援助についての聖書的倫理の中に散らばっている古代オリエントの非常に多様な、あわれみの倫理を、一つの素朴な例として見ることを欲した。彼らの力強さと善意の印として、人々は有力者の墓碑に「飢えた人々や裸の人たちを養った」と刻んだ。キリスト者の同情はそのような押し付けがましさと家父長的態度の延長に過ぎないのか？　サマリア人は傷ついた人まで下りては行かなかったのか？　無力者と病人を助けるのは権力と財ではないのか？　助け手と助けられる人は二つの異なった段階にいるように思われる。しかしもっと近寄って見なければならない。イエスは周囲を見回して「誰が私の隣人か」（29節）とファリサイ人に尋ねた。私は誰に向かって進まねばならないのか？　私の憐れみの対象は誰なのか？　物語の終わりにイエスはファリサイ人に尋ねる。「誰が強盗に襲われた人の隣人となったか？」（36節）。隣人はもはや名宛人、愛の対象ではなく、主体である。隣人となったのはサマリア人なのだ。もはや下るとか同意するとか、上るとかが問題ではない。根本的に助ける人と助けられる人は対等なのだ。

さらには誰が傷ついた人を助けたのかを忘れないようにしよう。サマリア人だ。彼は境界に立つ人であり、正統的ユダヤ人にとっては不純であり、階級は下に属する。この物語では、事故によって境に立つ人になってしまった。ひとりを助けたのは、その生れが境に立つ人だったのだ。権力者たち、即ちレビ人や祭司たちは失敗した。二つの境界の間に立つとは、援助関係を打ちたて、一方が他方を支配しないことだ。何故ならサマリア人は出発したのだから。

我々は毎日、絶対他者が与えてくださる恩寵、赦しを生きており、神との繋がりによって生きており、その神が立たせる傷ついた人や不自由な人を、他者の下位に置いたり（特に我々が助けるよう呼び出されていることの下に置いたり）できようか？　我々は互いに同じ父の子供なのに。恩恵とのかかわりによって我々は皆、困窮者であり、皆平等なのである。

＊何故不幸な人々の傍に立ち止まるのか？

良きサマリア人の物語は、キリスト者であってもなくても全ての人が助け合いの行為について考えていることを思い起こさせてくれる。それはまたしばしば我々が身をもって知ることでもある。我々は互いに立ち止まるべき道を、なお続ける可能性を持っているし、止まらないための見事な理屈も見出すのだ。しかし何故つまるところ立ち止まるのか？　キリスト者の答えは明快だ。人間は神の像であり道の脇にいる人も含む各人は、悪習や失敗を超えて尊厳を持つ。信仰のこの主張を我々の社会は最新世紀に人権宣言として伝えた。これは各個人を保護する最初の場であったし、国家の支配力を持つ法であった。しかしそれはまた仕事、財産、文化の分配ではなかったのか、各人が言の真の意味で人間であるために。人が神の像であるとは、失われたと思われる神の像を認めることである。神経症、ノイローゼ、ドラッグ、暴力、犯罪、あるいは単純に凡庸さの中に。そんな主張は今日もはや明らかではない。みじめな人々が増加し、経済法が無能な人を境界へと追いやり、生きるに得なものを選別する限りにおいては。ある見方からすればダーウィンが戻ってきたのだ！

ではどのようなものが、イエス・キリストを告白する人々の行動の資力となり、証しとなるのか？　それは第一に時が良くても悪くても、思い出すことだ。援助形態なきまま、選別に任せてしか行動しないとすれば、人間の生命は衰えるということを、我々は思い起こそう。神は一つの民を選ばれた、人間の目には、ある日消え果て大権力の犠牲とも映った民を。彼らこそ希望を持ち運ぶ契約の民。歴史はイエス・キリストにおいてクライマックスを引き出す。彼は自然の選択に任せない。もう一つの権威の上に立つ。新しい生命の土台だ。そこでは病人、飢えた人、弱者の空間が開く。

我々自身の中に、組織の中に止まない闘いがある。〈権威参入〉〈尊大な同情〉〈権力者利益独占〉に逆らって。イエス・キリストと共に、世の救い主は仕える者となった。我々は日常的に呼び出されている――ディアコニアの施設や事業における扶助形態を助け、支配ではなく、そのパートナーとなることへと。

人々は今日自己実現を願う。キリスト者のモットーは、〈自己犠牲〉〈自分を棄てる〉〈責任〉であるが、からくも押し寄せる波に抗している。しかし常に、財産や利益は自己放棄や自己実現に反するのか？　もし自分が他者の発展のために儲けることを実現したら？　ベルグソンが言ったように、我々は互いに同じ生命的跳躍によって支えられている。他を見出すことなしに自分自身は見出せない。隣人の生命の尊重なくして、自分のそれは発見できない。

これがディアコニーの知られざる兵士サマリア人が我々に発する呼びかけであり、そして極度においてキリスト者信仰の賭けなのである。常に神に聞き、いかようにもあれ神の像を留める最も小さき者の声に注意深くある者としての。

# すべての人のための福音（マタイ15：21—28、使徒言行録16：6—10）

2001年10月7日　デファップ（DEFAPアフリカ宣教援助）の祭りとバザーのため

**＊ユダヤ人以外の民に派遣されたか？**

物語はそれぞれに、それなりに福音伝播における迂回を構成している。カナンの女の絶望的求めに至るまで、イエスはユダヤ人の真中で働かれた。シナゴグで説教し、癒した病人、養った群衆はユダヤ人たちであった。イエスの時代、カナン人はフェニキア人と同義語であった。そこではイエスはイスラエルの神、旧い契約の約束、モーセと預言者の律法を引き合いに出すことはできなかった。疑問が生じる。ユダヤ人以外の民に、主は遣わされたのか？　イエス自身、自問している。「私はイスラエルの失われた羊以外には使わされていない」。彼にとってさらに遠くへ赴くことは明白なことではない。それでもやはり奇跡は起こっている。イエスはカナンの女の叫びを聞き、祈りを聴きあげ、ユダヤ人を他の民と分ける境を壊している。使命は動き出している。

何年か後に小アジアで、イエスの弟子となった一人のユダヤ人パウロが宣教する。生まれが現在のトルコ領土内のタルソであるだけに、いっそう重要である。しかしそれはもう一つのことを考慮に入れていない。「聖霊がそれを妨げた」とテキストは言い、戸は閉じられる。もう一つの道が開かれる。マケドニアの幻である。「マケドニアに入り、我々を救いに来てくれ」。パウロはシラスと共に行く。「神はそこで福音を宣べよと我々を招いている」。道同様、その経路は測り難い。確かに小アジアからマケドニア迄、距離はそれほど遠くはない。他の意味で言えばアレキサンダー大王は問題なく軍隊と共に突破した。しかし我々はパウロの出発と共にマケドニアに行こう。それは新しい大陸、ヨーロッパへの行程になる。ヨーロッパ！　以来、イエスの宗教はもはやユダヤ人だけのものではなく、東岸だけのものでもなくなった。以来、それは福音とギリシア文化の衝突、福音とローマ権力との衝突である。さしあたりガリア人とその他の人々に行き着くまでは。何世紀かの内にヨーロッパ人は福音へと向いた。それは小アジアと境を接するところで幻という間接的な方法によって、召しを聞き、出発した二人の男のとりかかりで始まった。

## ＊宣教、境界を越える

これら二つの物語は宣教の最初の意義を我々に示す。福音は境界を越えることなくして何であろうか？　我々は弁えている。アジアとヨーロッパ、ヨーロッパとアフリカの間だけに境があるのではなく、ヨーロッパ間でさえ、文化・宗教・市民性の境界があると。私は付け加えよう、それは国内にもあると。信者と非信者、富者と貧者の間に。教会内部にもある、正統的人々とそうでない人々。アルザス語を話す人とそうでない人。宣教、それは第一に越えられた境界だ。福音は生き、集め、回復し、和解する。福音――それは他の人々に自分たちの信仰や生活様式、教会の型を押し付けず、福音が歩き、走り、引っ張り、全ての多様性において互いを必要とするもの。境界を越えることは今日決して明白なことではない。ある人々はキリスト教はヨーロッパ、アメリカに永遠に結び付いており、さらに遠くへ持ち運ばれる必要はないと考えている。また他の人々は結局のところ、自分たちの教区や教会を越えてまで行かずとも、自らの共同体内を十分に福音化し、集合化すべきと考えている。これは既にユダヤ人とカナンの女を分ける溝を越えるようにとは、イエスを勇気づけない弟子たちの態度であった。逆に彼らはうるさい女を追い払いたいのだ。彼らは自分たちのためにイエスを確保しておきたいし、他の文化や宗教の人々と分かち合いたいとは思わない。しかし我々は明白にしておく必要がある。福音は奪い取られないし、伝統、文化、西洋的キリスト教の中に閉じ込められもしない。

福音は他の道を行く。我々の教会を他の国へ、他の人々へと開いて行く力だ。むろん福音は、風、雲、小鳥のように越えて行きはしない。福音、それは雨や晴天でもない。宣教によって運ばれる福音とは、活動し、働き、場所・習慣・言葉・生活様式を変え、21世紀のカナン人やマケドニア人のもとへ行くことを受け入れる男女なのだ。宣教は汗を流す男女、ときには殉教者の血、証人たちの誠実さ、奉仕者や、悪魔を追い払うイエスの弟子たちの働きによって運ばれる。宣教、それは実に宣べ伝えられる福音であり、言葉と活動によって生きる。

## ＊伸び行く宣教と援助

イエスはカナンの女に語っただけではない。その娘も癒した。我々がしばしば、正当にも宣教とその進展の間にたてる区別は、限界を持つと言えるのではないか？　境を越える福音は人間全体にかかわる。祈ることは病人を看取ることへ、福音宣教は学校をつくり、文化を促進することへ。イエスの証しは魂だけでなく、精神に、身体に向けられる。しかしこれら二つのテキストは宣教のもう一面を語る。おそらく我々が今日ききたいと期待することを。20世紀初めまでヨーロッパ人はとりわけ、宣教のためマタイ伝の最後の部分を主張した。「あなた方は行って全ての国民を弟子として」(19節)。ある時期まで人々は全世界の組織化と企画化を願った。有名な宣教者ジョン・モット (John Raleigh Mott, 1865~1955) は20世紀初め、福音が一世代(30年)で全人に宣べられることを望んだ。偉大な幻、驚くべき目標だ! 確かにマタイ28章の、この節の意味は有効だ。福音は全ての人、全ての民に向かう。それを別にすれば我々はおそらく別様に言うだろう。たぶん我々はより柔軟になり、この二つの物語で起こったことと登場人物たちに対して優しくなったのだ。イエスもパウロも彼ら自身が主導権を握る境を踏み越えなかった。

にもかかわらず彼らは呼び声にこたえたのだ。しつこくせきたて、うるさい呼び声に、カナンの女のそれであっても。「私を助けに来てくれ!」と。マケドニアからパウロへ、「我々を助けに来てくれ」。宣教とは呼びかけを聞き、苦悩を見出し、身体と魂の奥深くにある人間の苦しみを見る女たち、男たちである。聞くことなし、心なし、同情なし、移動なしなら宣教はなく、世の喧騒や涙や苦悩に対して盲目なまま、つまらぬことで言い争う弟子たちがいるだけである。「パウロがこの幻を見た時」「わたしたちは直ちにマケドニアに渡って行くことにした」(使徒16：10)。とてもシンプルだ。呼び声を聞いた、出発！

他の例がある。アルベルト・シュヴァイツァー、ストラスブールの若く輝かしい神学者にして音楽家。ある日、パリ宣教会がガボンの病院の働き手を求めているのをチラシで知った。即座に出発を決意した。これはアルザス教会の歴史を輝かしくもたてあげて行く初めとなった。今日出発とは確かにパウロの時代よりも、加えてシュヴァイツァーの時代よりも困難になった。飛行機やコミュニケーションの方法があるにもかかわらず、食糧、薬、保険、教育、組織化、宣教団やさらなる手段が必要だし、その上我々ヨーロッパ人は、捨てるには惜しい快適な生活スタイルになじんでいる。にもかかわらず、一つの事柄が残っている。呼びかけだ、人々によって発せられる、他の人々への呼びかけ。今日、どうしてそれを聞かずにいられようか。海を越えて若い教会が我々に発する叫びを。牧師育成、教師育成、病院に助けを、また他宗教の挑戦に答えることのできる教会を。

**＊釈明を求められるヨーロッパ**

宣教師たちが出発し、宣べ伝え、若い教会を指導した家族主義的統制の時代が起こった。

しかしその時代はまた、彼らが古い教会やヨーロッパに対して反対する時代ともなった。今や互いに尊重しあうパートナーの時代であり、同じ福音という名のもと、交換しあうのだ。それは変わらず呼びかけの時代であり、召命の時代である。そこで我々ヨーロッパ人に、多少弱り、疲れ、冷めたキリスト者に問いが投げかけられる。我々は答え得るのか？

公的援助は得られないのに、我々は若い人々をかかえている。宣教団体の経済は常に増大しているわけではない。他宗教に直面する宣教についても、ヨーロッパ精神の中に問いが残っている。我々の共同体においては幾時代か境界を乗り越えて行くことを志向してきたし、エキゾチックな国々の中で浮かれはしゃいでいたわけではない。危険でもあった。

しかし本当に助けの呼びかけに答えてきただろうか、絶えず力に充ち、絶えず行動的に。特に召命を得、それに答えて行く宣教師団体の責任者たちにとって事柄は深刻だ。現在あるものよりも、ある計画を先行させるべきか、カメルーンからの呼びかけに応えるべきか？あるいはマダガスカルからの、レバノンからの？　病院よりも学校を？　牧師を、教師を送るべきか？　彼らは皆助けを求めているのだ！　我々の委員会においてはそれは多少ともカナンの女とイエスの弟子たちとの間のように進行する。ドライな議論だ。つまり行くべきか、行かざるべきか。金銭援助にすべきか？　今日、どの境界を越え、どのようにして越えるのか、多くの知恵を必要とする。19世紀にはウィリアム・カレイ、インド宣教師として高名な人物の一人だが、彼は確信した。「前方に何が見えたとしても、いずこへなりとも」。我々の二つのテキストに関して一つ、最後の問いが起こる。他に与えるのに我々は絶えずイエスの傍《かたわ》らに居るだろうか？　呼びかけを聞いた後、与える豊かな者たちとは我々だろうか。我々はイエスと弟子たちに助けを求めるカナンの女の傍らと同様、悪魔に追い立てられている娘の傍らにもいつも居るとは限らないのではないか？

時代を通じて我々はイエスから多くを受け、さらにいまだに日毎受けているのなら、それを分け合うこともできるのではないか？　加えて、ある時若い教会に出発して行った人々の証言を聞かねばならない。だからと言ってこれらの若い教会を理想化することなく。どれほど彼らが人々の信仰と人間性から受け取ったことか、彼らは与えるために出かけたのにもかかわらず。とりわけ我々ヨーロッパの教会とキリスト者たち、ある人たちは魂なしのヨーロッパと言うのだが、我々はパウロ時代のマケドニアの状況に戻ったのではなかろうか？「マケドニア（即ちヨーロッパ）に渡って助けに来てください」（9節）。

キリスト教の、しかしまた非キリスト教化の時代後、我々は若い教会の感化を必要としていないだろうか――我々を覚醒してくれる、その熱心さや素朴さを。無感覚になっている我々と共同体は。

だから叫ぼう、イエスをうるさがらせたカナンの女のように、他のキリスト者の助けを頼もう。イエスは言われるだろう、哀願する我々にも、カナンの女に対するように。「女よ、汝の信仰は大きい。望んだとおりになるように」(28節)。

# 自由への呼び出し（ガラテヤの信徒への手紙5：1―6、13―1）

1999年　国民祝日（革命記念日）サン・ポール教会

＊自由への憧れ

我々が共に祝う7月14日、フランス革命が起こったとき、ストラスブール人たちもまた自由の空気を吸った。彼らは市役所、グーテンベルク広場を急襲した、財産所有権を廃棄するために。人々は自由の木を植え、いまだ封建体制にあったドイツ側に対して、こう読める立て札を立てた。

「ここに自由の国始まる」

国と人々の表情を変えた驚くべき自由の空気は我々の根本的価値の一つとして残っている。しかしフランス革命と人権宣言だけではない。自由の空気は人間各個人、各民族の中心ではないのか？　誰が１９８９年の映像を忘れよう？　ベルリンの壁が、逆らえない人間の波によって崩壊し、一群の人々が、その尊厳と一致と自由を宣言したことを。さらにもっと最近のこととしては他でもないコソボでの戦争は、彼ら自身の居留、存在のためであったが、単純には民族浄化への抵抗であったし、人間の歴史的悲劇としては砕かれた対象以外のなにものでもなかったのではないか？

自由という言葉は不思議だ。詩的でさえある。山を持ち上げ、歌わせ踊らせ、夢見させる。

しかしながら、我々各人には自由への強い憧れがあるが故にまた、それが呼び出す他者の自由、戦争の自由に疑問を投げかけもするし、自由という言葉の意味も明らかにすべきなのだ。自由とはとフランス革命、特に人権宣言においては言う。それは意見の自由とそれを表明する権利であると。それはまた信教の自由でもある。各人がそれを選び、実践する自由。これはアンシャン・レジーム（旧体制）でも軽視はされなかったが、20世紀でも世界中で明白というわけではない。加えてそれは経済の自由、起業の自由、望む場所で望む人たちと働く権利であった。

＊複数の自由とその限界

一般市民あるいは経済の自由が全てではないとわかるのに2世紀はかからなかった。よって意見の自由とは何だったのか、根本的日常の必要にとらわれて、人が意見を練り上げる時を持たなかったのなら。また人が望む職につく自由とは何か、求人数が求職者よりも極端に少なかったら。失業の問題は20世紀以前からあった。政治改革の後に、我々の国では産業革命、機械の時代があった。それは自由のチャンスと同時に、自宅での洗濯機を考えて以来、新しい隷属状態の機会となった。特に19世紀は男女や子供たち自身が機械になったのだ。20世紀の植民地解放後、何が起こったのか？ 我々の時代に至るまで、アフリカ諸国がその重圧に苦しむ負債の時代となった。住民圧制の制度の時代でもあったし、少数派と個人の権利を喜ばないグループ主義と保全主義の時代でもあった。我々の国は、人権宣言の歌い手、全人のための平和と自由の港であると誇れるだろうか——人々が考え、政府を批判する自由、投票する自由、しない自由に何の価値があろうか、他方で職なく、またはただ帳尻を合わせるのに四苦八苦している我が国の増大に加わっているだけだとしたら。自由という語にどんな意味があるだろう、ある一定の場所で夜間外出はできず、住民の一部が恐怖と憎悪、警戒に晒されているとしたら。一か国語、多国語で学ばれ、語られる「自由」とは何だろうか、実践するための状況がないのなら。自分の宗教を実践するためのライシテ（政教分離、脱宗教化）に賛同することは、その宗教を内的私的領域に引きこませることにならないだろうか？　宗教は現実社会では名が通らないのか？（宗教は公然としたものにはなり得ないのか）つまりは自由の闘いとは決して終わらないものとしか言えないのか。人間の人間による圧力は限界を持たないという理由で。

要するに我々が自由について語り、そのために働くときには常に人間全般のことを考えるべし、ということではないのか？　自由とは全体であって、人間は知性や公民であるだけでなく、身体であり、魂であるということ。考える人、読む人、投票する人だけでなく、消費者、夢想家、演奏家、役者でもある。

さらには神を求める存在なのだ。

## ＊イエス・キリストが与える自由

我々がテキストと共に読み語るべきは、キリストが我々に与え、さらには日々与える自由である。これは各人が経験し得る。真に自由人であるためには、民主主義の中で生きるだけで十分ではなく、投票でき、考えることを言い、書き、組織化できること、真に自由とされた人間であるとは精神科診療室が一杯でなく、憂鬱な人が少ないことだ。我々の間で、経済界で、社会で、教会で責務を負う人々はよく知っている、自由人であるためには権力だけでは十分でないと。縛りが、鎖が、怖れが何だろう、公の意見、メディア、人間の正義、不正義を前にして！　善事のためなら不安が何であろう！　責任者たちの重圧はずしりと重い。権力と同じほどに、従属させる誘惑については語らないにしても。

ではたとえばギリシアの哲人とか仏教者と共にそのやり方において、政治を含むすべてを相対化し、内的に自由な空間を確保する無関心を探求すべきか？　人はまたキリスト教信仰を以てイエス・キリストなる別の現実に自分を結びつけることもできる。ジョルジュ・カザリスは言う、「全ては政治だ、しかし政治が全てではない」と。人間抑圧の重圧、複数の義務とだけ直面しているのではなく、人生の中心に、もう一つの生き生きとした現実があり、キリスト者が神と呼ぶ解放者がいる。この神に彼らは祈り、歌い、聴き、この方がイエス・キリストにおいて限りなく近く優しく父的に母的に示されている。私にとってはこれこそがキリスト教であり、法と義務の第一コードではなく、現存であり、私自身の内奥において自由の空間、機会である。この自由は神の赦しに基いており、誤ちによって中断した道を再開させ、将来への不安を取り去り成功とか失敗とかで自己同定せず、この絶対他者の前で、かつ共に生きるのであって、その両手で私の将来も世界の将来も掴み取ってくださるのだ。

このガラテヤ人（未開のケルト人、ガリア人の血を引き、小アジアに埋もれた）に書いたとき、パウロは彼らに、そして我々に宛てたのであって、これを我々は忘れがちだ。自由、キリストが我々に与えた内的自由は一度で全てを手にいれるというものではない。ガラテヤ人たちは、キリスト者の存在条件として割礼を再導入したかったようだ。我々の場合、存在を深めたり、安心したくて、規則や偶像を導入したがる傾向にある。しかしつまるところ、信仰しかないのだ、キリストが語る言葉を信頼して聴くほかは。この方が生と死の主なのだ。フランス革命が想起させるのは、ある種、キリスト者遺産のやり方だ。それは前面に自由を置くことで満足しない。自由、平等、博愛。テキストはもちろんそれを言っている。[13]

節だ。「兄弟たち、あなた方は、自由を得るために召し出されたのです。ただ、この自由を、肉に罪をおかさせる機会とせずに、愛によって互いに仕えなさい」。

## ＊自由と奉仕

では要するに、私の自由、尊厳、権利だけではないとしたら他者のそれについてはどうなのか？　我々は再び見出された自由の陶酔を、またそれと連動する復讐のメカニズムを知っている。これについてはコソボの問題が、その怖れを持ち得る。日常にいたるまで、我々は常にすぐに自分たちの権利を考え、いろんなやり方で、他者の権利に左右される自分たちの自由空間を拡大しようとする。しかしそれが正に他者の生命、尊厳、自由の空間を益しないならどうなのか？

連帯、和解なしの自由は腐敗するに決まっている。他者の上に、あるいは他者と共にではなく行使する権利とは権利侵害でないとすれば何なのか。ルターは言った、「政治と経済に従事しない聖人はいなかった」と。つまり内的自由だけでなく、この世で行動する召命があるというわけだ。確かに我々キリスト者は、いわばキリストと共に、この世では異邦人である。過ぎ行く世とは結婚しないが、しかし同時に神とその万人のための愛の名において、「相関において行動する絶対的な規則」（Theo Preiss テオプレイス）を持つ。より人間的な状況のために働き、市民生活に参加し、社会参加にかかわり、そこにいくらかの熱心さ、連帯、親しさ、希望、ユーモアをもたらして行くのだ。

## 福音と革命（コヘレトの言葉3：1—8、11）

50年前、私は戦争の傷と破壊をやっと乗り越えようとするところだった。我々は発展と豊かさを知った、たとえ周囲の楽観的生活が不協和音をたてていたとしても。

しかし世界的に見れば、我々が再び見出した平穏や快適さ、堅固さを揺るがすような衝撃的波紋はあった。ベトナム戦争あり、マルチン・ルーサー・キング（Martin Luther King, Jr., 1929~1968）は4月に暗殺された。プラハの春も終わりは最悪となった。

＊1968年5月の高揚

我が国では、それは1968年に起こった。最初は学生運動、次いで他の動きが起こり、主張はしばしば、暴力、バリケード、路上での闘い、場所占拠、終わりのない集会となった。

気弱な者たちでさえ語り主張し、「幸せな10日間」と5月半ばのソルボンヌの壁に人は読むことができた。つまり「植えたものを抜くにときあり、壊すにときあり、笑うにときあり、石を投げるにときあり、抱擁するにときあり、語り合うにときあり」であった。我々の多くはこの幾週間に苦い思い出がある。日常生活も国も調子が狂い、しょっちゅうのストライキ。何も進まなかった。寛大さの勝利。「制限なしに遊べ」とスローガン。ユートピアのときでもあった。「欲望を現実に」。全ての権力と規則の拒絶でもあった。「禁止の禁止」。

しかしある人々は、この運動に別のことを見ていた。第一に消費社会への否、最高価値としての物質主義の拒絶。「我々は欲しくない、飢餓によっては死なないという確かさを退屈で死ぬというリスクと引き換えにする世界は」。これは1968年のもう一つのスローガンであった。

次いで、共に生きることへの希求。ヒエラルキーに、規則に、禁止に、従うことへの否。代わりに全員参加と対話。この求めは大学教師と指導法、運営だけにではなく、一般社会にも向けられた。

最後にユートピア、より良い世界の表明と宣言。これは逃避ではなかった。日常埋没に満足し得ず、ヴィジョンを、目標を、展望を、将来をという信念であった。

## ＊今日はどうなのか？

50年たって時代はひどく変わった。１９６８年5月へのノスタルジーがある。不幸にも実現しなかったとしても。しかし68年のある革命家たちは、大学教師、代議士、さらには大臣になった。彼らはもはや既存の組織と闘わないが、内部改革にとりかかった。時代は変わった。今日、学生や生徒は機構については主張せず、より多くの教員をと願う。今日、雇用促進や条件改善のためのデモはある。コヘレトの言葉は「石を投げるとき、集めるとき、保つとき、黙るとき、しばしば泣くとき」があると言う。何を我々に語ろうというのか？　神はそのとき毎に行動される。「まことに人は神の業を知ることはできない」（11節後半）。悪魔だけが働くときはない。神の意志と、神によって望まれた世界の知覚があったのだ、多くの人々が消費社会に飲み込まれそうな社会に抗したときには、と考え得る。我々の世界やその環境、また富と貧しさの不公平を論じるとき、神は働かれると考え得る。テキストが、神は人の心にそれを置かれたとある通り、神は人が神と永遠に目覚めるとき働かれると考え得る。

しかしどの時代も完全には神の国とはならない。１９６８年5月人々は、規則なしの世界はない、人間は禁止を必要とするものだということを忘れていた。仮にユートピアの主張が必要なら、非人間化に走ってはならないのではないか？　それは現在と日常的課題を犠牲にするから。

では今日はどうなのだ？　なぜ個人主義支配、のしかかる消費主義、人々の、教会のアイデンティティの退却を知覚し、悔いないのか？　1968年5月のノスタルジーは必要ないし、それを悪と決めつける必要もない。しかしあたかも全てはより良い方向にあるのだと言うようにして、現在のときを犠牲にしないようにしよう。キリスト者としては、我々は昇天と終末の間を生きていると知っている。昇天はイエス・キリストの上昇であり、我々の世界はキリスト教化されなかったことを意味する。イエス・キリストが望み、成したことと、ありのままの世界との間には距離がある。革命も、規則　規律も、神の国と同様ではない。しかし昇天と世の終わりとの間にはペンテコステがある。聖霊の時、神が新しいものを生み出す時だ。

神は人々を動くことへと置き、それは内的かつ祈りの刷新の時であり、変わらず祝祭、集合、連帯の時でもあるのだ。

## 境界を越える

2000年6月12日聖霊降臨の月曜日、境界と告白を越える合同集会、開会礼拝

ストラスブール大聖堂にて

1876年から1945年の75年にわたってアルザス人は4度国境を変えられ、4度国籍を変えられた。

この間、侵略は国境を荒廃させて止まなかった。20世紀に至るまで、我々の町と村に憎悪が積み重なり、外国人同士の不信はしばしば選挙の投票と行動を腐敗させた。

＊受容と和解の時代

しかし今日、神は他の日、他の時代をくださる！　不信の時代ではなく、信頼の時代である。拒絶ではなく、受容の時代を！　皆さんは我々の街で互いの受容を感じているだろ

うか。我々はフランス人、ドイツ人、スイス人、ルクセンブルク人であるが、今日のパルティア人、メディア人、エラム人、エジプト人として、日常と現代の憂鬱から解き放たれてストラスブールに集まっているのではないか？　今日集まっているのはアルザスのうまいワインのため、フランス最新のおしゃれな店のためではなく、言葉、文化、教会、国籍の違いにもかかわらず、我々を深いところで結びあわせている確信のためである。人間はただ消費者、生産者、作り手であるのではなく、失敗と否認があったとしても、神に愛された被造物であるという確信の故である。個人史同様、人々の歴史の真中にイエス・キリストという方の生命の力、刷新の力があるとの確信である。

これは即ち、我々がカトリックもプロテスタントも、フランス人もドイツ人もルクセンブルク人も皆で生きているということである。これこそが、ロベルト・シューマン（Robert Alexander Schumann, 1810~1856）のような人々と共に1945年以降、兄弟関係の再発見を許したのではないか？　和解の奇跡は今日、オラデゥール・スュール・グランまで可能となった。我々は力をこめて、ドイツ人とフランス人は互いに神に愛され造られたものと言うことができる。互いに永遠に断罪しあうのは止めよう、帝国主義者たちはナチズムからジャコバン党から、さらには陰の国家主義者たちから完全に解放されてはいないじゃないかと。

我々は互いに第一に語り合い、分かち合い、神をたたえることに呼び出されている人間たちなのだ。

＊突破される国境と、残る国境

神は褒め称えられますように。1945年以来、国境は越えられた。1989年にはベルリンの壁崩壊。今日我々はヨーロッパを我々の国のようにして行き来している。ドイツあるいはフランスの認可を以って、他国で牧師や獣医になることができる。教会でもまた、旧い国境を乗り越えて互いへのアナテマ（呪いの言葉）を克服した。分離させていた壁は天までは届いていないと知ったのだ。しかし我々の社会には、どれほどの境が残っていることだろう。富者と貧者の溝はいよいよ深くなっている。貧しい人たちはしばしば街の周辺に追いやられている。職を得ようとするとき、黒人やその他の肌の色でどれほど厚い壁があることか！　アフリカとヨーロッパの壁を取り払うことに我々はどれだけ努力をしているだろうか！　どれほどの壁が、今なお教会に残っていることか！　何故我々は互いに「信仰による義」と言う同じメッセージを語っていると認めることに努力を払ったのか？　何故同じ聖餐を共に祝うことが難しいのか？　どうすれば信仰告白と宗教がそれぞれの国や文化と一つになるのか？　ユニヴァーサリストが目標を失い、互いの敵意と不信が補強しあうことに失敗するほどに。全ての壁の建造は、恐れ以外の何ものでもない。この恐れについてサルトルは言った。「地獄、それは他人だ」。我々の中に、所有物を、アイデンティティ保持を失ってしまうことへの恐れがある。恐れはまた将来を前にしてもあるのだ。

**＊イエスは境を越えた**

「あなた方には世で苦難がある」とイエスは言う。「しかし勇気を出しなさい。わたしは既に世に勝っている」と(ヨハネ16：33)。敬虔なユダヤ人イエスはカナンの女の娘を癒し、一人のサマリア人をモデルとして立てた。イエス、神の法の先駆者は安息日に人を癒した。イエス、聖なる方は姦淫の女を慰めた。何故ならそのメッセージは全ての人に宣べられ、中近東で輝いた灯は小アジア、ギリシア、ローマ、ヨーロッパ、そして世界中に灯火を点じた。変わらず、終わることなく、文化、言語、民族、政治の場、最後には恐れの境もイエス・キリストの名によって乗り越えられたのである。神の子らの自由は我々に共に神をほめたたえ、共に生きることを与える。野性動物のようにではなく、兄弟姉妹として。

＊相違と合法的限界

確かに限度は必要である。イエスは神と人とを混同しなかった。我々は人であって神ではない。我々は恵みに依存しているのであって、これは命に意味を与えるためだ。イエスは善と悪の差異を放棄しなかった。もし我々が、人間とものとの間を消し、人間を操作の対象とし始めるなら災いあれ。人間であるとは、限界を受け入れることなのだ。

ペンテコステ時、聖霊はパルテア人、エラム人、その他の違いを消さなかった。今日もなお、文化を、言葉を、伝統を、廃棄物として棄てる必要はないし、グローバル化のコカ・コーラ、ハンバーガー、ティーシャツの合一化に身を任せる必要はない。しかしキリストと聖霊の恵みのおかげで、我々は恐れの境を越えて、隣人へ、将来へ、つまりは神への新しい道を見出す権利を与えられた。

＊聖霊への期待の中で

我々は今日、キリスト教信仰を分かち合うことへ、このカテドラルの尖塔が天をさしているように、我々の信頼と希望を宣するようにと招かれている。しかも世俗的信仰の場の只中では、雲のような証人、使徒、預言者、そしてここでも石に刻まれている天使たちに取り囲まれており、我々だけでしゃんと立っているというわけではない。

我々もまた互いに疑念を残している。明日のヨーロッパはどうなるのか、一つの魂を持ち得ているか？　将来人々はどうなっているのか？　消費する機械、家畜と成り果てているのか？　イエス・キリストの教会は如何に？　我々は西洋最後のキリスト者なのか？　しばしば答えのないこれらの希求や問いによって苛まれつつ、我々は今日、シナゴグを望むカテドラルの南門から、意気揚々と凱旋教会として集合したわけではない。　他宗教や非信者に無理強いできる立場にもない。

我々は祈る教会として集まった。最初のペンテコステのパルテア人、メディア人、エラム人同様、我々は期待の内にいる。我々が待ち望むのは聖霊、新しい霊、信仰と勇気の霊である。この霊なくして、我々が今日言い表すことは無益である。

聖霊と共に、聖霊によって、これは新しい時代のチャンスとなり、帆かけの船ともなって、教会は動き出し、元気を回復するであろう。

# ヨーロッパの時代、キリストに従う（ルカ9：57―62）

（2004年3月14日　リープフラウエンベルク教会
フランス・ドイツ合同集会での説教）

＊我々の巣とねぐら

キツネ同様、我々は巣を持ち、鳥同様ねぐらを持つ。我々・人間、我々・国家、我々・個人、キツネや鳥のようにある場所を占めるが、美しい国、ここちよい村、活気ある街にだけではない。我々はまた一つの歴史、時代によって悲劇的なあるいは幸いな歴史を生きる。我々は互いに象徴、死者のための建造物、個人的な思い出、集合的な記憶を持つ。もちろんアイデンティティーをも。

そして巣、ねぐら、国、伝統、価値観において宗教にも場を開いてきた。教会と鐘楼は風景の一部だ。西洋の価値はキリスト教とかかわりを持つ。自由、平等、博愛を言うとき、福音と協和音を奏でる。

西洋の人々の巣とねぐらにおいては、宗教はかくもキリスト教文明、あるいはユダヤ・キリスト教と言えるほどに現在する。絶えずコンポステラや中世キリスト教、その時代の聖人や思想家、栄光と力を夢見るほどに。我々の夢は、イエスが御自分を現し、歴史の一部をなす、そのねぐらや巣に、そしてまた我々のねぐらに御自分を同化し続けてくださることではないのか？　我々の夢は神の支配が我々の歴史と一体化し、天が地に降りてくることではないのか？　そして我々は、我々の旧いヨーロッパのキリスト教歴史が忘れ去られたり、ヨーロッパに一つの政体を与えたいと願う人々によって否定されるとき憤慨するのだ。

**＊イエスは我々の巣に宿ろうとはしない**

今日の福音は我々の夢のありようを壊している。イエスは人間の巣に、ねぐらに、宿ろうとはしない。イエスは人間の歴史と一体化しない。我々は時代やシンボル、伝統、教理を美しく飾ってきたが、イエスは居を定めない。「人の子には枕するところはない」(58節)。しかしそれはイエスを我々の場から追い払ってしまうことではないのか？　限りなく遠いところへと。イエスは神として確かに人間の歴史の中に入ったと力をこめて主張し、再確証すべきではないのか？　彼は宮で語り、広場で語った。家へ、家庭へと入り、宮殿のようにしてわらぶき屋根の家を訪れ、墓の近くにも座り、結婚式にも出席し、食を分かち合った。しかし彼はそこに留まらなかった。枕を高くしてやすむことはなかった。儀式の主、地主、家主とはならなかった。ルカ福音書は我々に一度も、イエス所有の家とかグループ所有の家を示さない。人々の歴史から見れば、我々の歴史は、たとえそこにイエスが入ったとしても、聖人たちが居り、改革や覚醒が起こり、知性の時代があり、信仰のカテドラルがあり、思想の頂上があり、福音が精神性を変え、人間とその権利を評価したとしても、その他のことが忘れられるとき、その課題を叫ぶ：教会の第一任者たちが荒々しくも神の名において戦争を引き起こし、違う仕方で考える人たちの肉体を遺棄さえしたと！

世俗の歴史はキリストの顔だけを反映させるのではなく、アンチキリストのそれも反映させる。我々は認めなければならない。信仰告白だけがあったのではなく、長期にわたって、おそらくは少しずつ信仰の異議申し立て、さらには棄教があったのだと。

**＊どの教会、信仰告白もイエスの巣ではない。**

ではどの教会、どの信仰告白ならイエスの巣にふさわしいのだろうか？どのようにして我々は今日、十分に歴史の両義性である世俗的伝統の上に、基礎づけ休むことができるだろう。我々の園の植物のような人間の生をどうして忘れ得よう。もっとも深くしっかりした根が、枯れ、しおれ、散ろうとしているのに。現代世界は、オロカになったキリスト教思想と一つだとは誰が言ったか？　我々は世俗の根が過去に実を結んだ植物のようにはもはや育たないという、思わしい経験の途中なのではないのか？　我々の西洋社会は少しずつキリスト教を、さらには宗教を低下させている！　巣は墓となり、それらは根本的にぐらつき、壊れている。イエスはいずこに？　ルターは既に1524年に書いた。

「神の言葉と恩恵はにわか雨や夕立のようだ。さっとすぎて一度降ったところには戻らない。それはユダヤ人のものだった。今日、彼らはもはや何も持たない。パウロはそれをギリシアに持ち運んだ。しかし過ぎたものは過ぎた。今やトルコ人がいる。ローマとラテンの国々がそれを持ち、彼らの番だ。しかし過ぎたものは過ぎた。彼らは今や教皇とあなた方を持っているが、ドイツ人よ、あなた方はそれを永遠に持つと思ってはならない」と。

ドイツ哲学者、オズワルド・シュペングラー（Oswald Arnold Gottfried Spengler, 1880~1936）が、ヨーロッパキリスト教の荒廃について言ったことを反映して、フランス著作家、ポール・ヴァレリー（Ambroise Paul Toussaint Jules Valéry, 1871~1945）は20世紀20年代に主張した。「我々は今や市民性が危機に瀕している」と。今日、我々はヨーロッパ・キリスト教の根がしおれ、やつれつつあるのを経験している。我々の社会が物質主義とニヒリズムの中に落ち込んでいるのを見ている。我々は認める、キリスト教はしだいに北から南へと、老いた教会から若い教会へと場所を移していると。

**＊記憶するのは当然のこと**

今日の福音は我々に何を言いたいのか？　我々を過去に戻したいのか？　記憶なし、根っこなし、アイデンティティなしの存在にしたいのか？　次第にグローバリズムの時代に入って行ったときのように。このグローバリズムは世界の文化の個別化を全く滅ぼしつつ我々を統一化し、根なしにするのだ。実際、記憶することへと呼び出す新約聖書の幾つかの節がある。「初めのころのことを思い出してほしい」（ヘブル10：32）。「神の言葉をあなた方に語った指導者たちのことを、思い出しなさい」（ヘブル13：7）。

同書は我々に信仰の助けとしての雲のような証人たちを想起させる。イエス自身、旧い契約の中に根ざし、つまりは歴史の中に居た。我々もまた常にそしてさらに過去の幾世紀かを記憶し、伝統を、福音の証人たちを、告白者たちの信仰を、告白を、全時代の聖人たちを、思い出すよう招かれてはいないか？

しかしまた我々は悪弊をも記憶するのだ。互いに発したアナテマ（anathema「聖絶」「奉納」「滅ぼす」「捧げる」「殺す」「呪われる」「呪われたものとなる」などと訳されるギリシア語の言葉。新約時代になると〈共同体から除外する〉という意味に転じ、パウロは教会からの追放に用いた）、神の名による迫害、キリスト教のユダヤ人嫌悪、十字軍の戦い、軍と教会の結託。我々のうちに眠り込んではいるが刻印を残した、時代の悪と善は我々を記憶へと呼び出す。止むことなく、不意に現れる世俗的反応、恩恵を受けたが、くもらせたり失ったりした両義的なキリスト教の重圧も。

＊信仰は後ろを見ない

信仰はバックミラーで後ろを見たり、世俗的伝統によって魅了されたり、捕らわれたり、罪悪感を抱かせられたりするものではない。福音とは今日、過去の聖人たちの生以上のものであり、父祖たちから受け継いだ信仰告白以上のものであり、代々の巣やねぐら以上のものである。根は枯れ、巣は墓となり、ねぐらは空となる。イエスは言われる、「汝は神の国を宣べよ！　我に従え！」。宣言すべきは巣やねぐらではない。告げるべきは教会でもない。その度毎に喜ばしく大胆に、一人の方が来られ、しかもこの方は盲目的運命ではなく、過去の反復でもないと宣べるのだ。死だけではなく生が、根だけではなく羽が、過去だけではなく将来が、人間の愚かさだけではなく、神の支配があると告げるのだ。イエスのもう一つの言葉がある、「汝、我に従え！」。イエスはその価値を声高に叫ばないが、呼びかけを発し、この呼びかけは個人的、直接的であり、仲立ちを通さず、粘り強く、境を問わず発せられる。「汝、我に従え！」。汝、昨日と明日の間に立つ者、汝、不安の中にある者、夢と幻の虜、物質文明の虜、汝、我に従え！

汝、ヨーロッパの教会、過去の栄光を夢見るな、エジプトの肉鍋を恋しがるな（出エジプト記16：3）、文明と社会を支配していた時代のノスタルジーにひたるな、汝、我に従え、荒れ野で、抜け殻の中で、むきだしの信仰の中で！　近代世界に、寛容さに、民主主義に、人権宣言に、ライシテ（ライシテ（仏：laïcité）、あるいは、ライシズム（仏：laïcisme, 英：laicism）とは、フランスにおける世俗主義（俗権主義）・政教分離の原則・政策のこと。）に、貢献した汝、プロテスタントよ、我に従え、こんにち枕するための何もない道の上で。

全教会や全ての民によってきかれるような、根本的かつ究極的なアピールはおそらくほとんどない。キルケゴールは繰り返して止まなかったが、信仰のかかわりは、常に福音のおろかによって揺り動かされ、感化された人々、他人のために自分の命を失うことに備えある少数の人々の事件なのである。しかし真の生命とは、この人々にこそ価するのではないか？

過去の巣やねぐら、我々の社会の創設者たちの貢献を語り過ぎて、福音を広く根本的に告げることを忘れないようにしよう。失うこと、生活の簡素さ、信頼に応える人々なくしてヨーロッパの将来はなく、失われた幻、飛び去った夢の墓標を追うことは過去の富と権利をなんとしてでも死守したい城砦でしかない！

しかし神は褒め讃えられよ！

福音は別の道へ、別の地平へ、別の将来へと我々を解放して止まない。

# 訳者あとがき

或る本のあとがきのように「結語が全てを語っているので、訳者が言うべきことはほとんどありません」と私も書きたいところだが、一言で言うなら、マルク・リエンナール教授の、この「説教と黙想集」は、翻訳許可を戴いたもう1冊“*Identité confessionnelle et quête de L'unité: Catholiques et Protestants face à L'exigence Oecuménique*”(Éditions Olivétant 2007.〔信仰告白的アイデンティティーと一致の求め・エキュメニカルな要求に直面してのカトリックとプロテスタント〕)の結語部分の一文の主張で貫かれているところに特徴があると思う。即ち「信仰告白の相違は教理だけにかかわるものではなく、倫理、祭儀、敬虔に及ぶ」、だから神学的対話の結果が「神の民によってしっかりと受けとめられ、精神性が変えられ、中身が新しくされなければ効果なしのまま残る」、さらには「相違は大衆化されないし均等化もされない」という観点に揺るぎがないということ。仮に多少の逡巡があるとすれば、それはなおさら神の民の立場にたてばこその目線によるのではないか。先生が高名な神学者でありながら、私《わたくし》用語で呼ばせていただくなら、この〈信徒目線《しんとめせん》〉を失っておられないことが、訳業を楽しみながら勤しませた最大の理由である。

加えてもう一つの理由は、今まで私は「一致のためには、各教派の信仰と告白その他のアイデンティティーを大切にすること」と随分熱心に教わってきたのであるが、リエンナール教授はそれ以上に具体的に聖餐の一致に目を向けておられることに気づいたからである。これについては前掲書の109頁〜116頁に詳しいことは本書中の「共に歩く」の項でも述べた。

さらに2017年の宗教改革500年を目前にして今、日本の教会の説教はどうなっているのだろうかと、還暦と同時に引退、同時に教派も離れ、愛する説教職から離れた身としては気になっていた。内容もさることながら、その志と方向性ということにおいて。多元化へ向かうのか、一致へなのか？

カルヴァン愛好家として過ごしてきたので、ルターはもちろん、ルター派及びその教会にも門外漢であったが、refo500（特にrefoRC）〔ボードの一人であるオランダ改革派のDr. Selderhuisが強力なリーダーシップをとって牽引しておられる〕という2017年を目指した研究会に、何度か参加させていただいて、一挙に眼がひらかれたのをきっかけに、以来

Unité（一致）がなければ、キリスト者人口、新旧あわせても2％（雑誌Pen・2015年6月1日号・特集「もっと知りたい、宗教のこと」による）の、極東にして島国日本の信仰の将来はないのではという、文字通り老婆心に取り付かれてしまった。御言葉と聖餐、この二つを軸に生き延びてきたキリスト教二千年の歴史が今後の二千年を生き延びるには、とりわけこの日本では、「教派間の敵意は、キリスト教の信頼を損なう」の言葉どおり、まずもって教会が信頼に足るものでなければならないのは必然であり、そこに立ってこそ聖書に基いた説教と生きた聖餐のありようが問われてくるのではないか。徒な自教派保身、自己目的化はよい結果を生むとは思わない。2％の国だからこそ、一致へという思い切った舵取りができるのではとの希望も抱いてみる。

傲慢不遜とは承知しつつも、この思いには理由がある。現役時代、一人の青年が教会をたずねてきた。彼が語ったことを、忘れることができない。彼の職業は、日がな、鶏の首をカットすることである、食用に供するために。この人の絶望を思った。その家庭環境も悲惨であった。彼の収入のほとんどは家族の借金返済に充てられているともきいた。

教会はその経済を支えてくれる人々と共に、そうはできない人々がいる。教会は後者の砦となるべきであると思う。経済格差、教育格差の連鎖は止まない。北米、ハーバード大学の学生には富裕層子弟が多いという。「努力」という資質さえ既に背景が伴うことがわかる。聖書によればキリストは「急いで町の広場や路地へ出て行き、貧しい人、体の不自由な人、目の見えない人、足の不自由な人をここに連れてきなさい」と、大宴会の主催者に語らせ、さらに辛辣にも「言っておくが、あの招かれた人たちの中で、私の食事を味わう者は一人もいない」と言っているし、告げている（ルカ14：15―24）。

カルヴァンの聖餐論に充足してきた時間は長かったのだが、一人の青年に出会って、つくづく共に主の現臨を味わいたいものだと思わされた。一通りの信仰の手引きをしっかり学んでもらい［使徒信条、主の祈り、語りようによるが十戒の三要文なら、信徒なら誰でも教えることができるはず］、洗礼を受けてもらったうえでのことという条件は譲ることはできないが。キリストが自分の中で生きてくださるというダイナミックな支えと慰めこそが彼を生かし得るのではと、心底思ったし、この思いは今も変わらない。

蛇足になるが、だから北米ノートルダム大学購買で、E・スヒレベークスの『秘蹟論』を見つけ、読み、その〈意味変化〉を知ったときは嬉しかったし、ルターが信仰義認論で行くのなら、カルヴァンは聖餐論で行けると勝手に盛り上がってしまったが、この思いもまた、内的に持続している。エラスムスは言っている、「キリストが聖秘蹟の中に臨在されると言って、その仕方は神にお任せする方がより単純である」、「肉の臨在は私たちが霊的であることを妨げない」と。肝心なのは「わたしは命のパンである」と言われる「わたし」、即ちキリスト自身が、抜け落ちないことである。象徴か現存かを超えて。

新教は「宣教開始150年」を祝い、旧教は「信徒発見150年」を祝って、まだ間もない私たちの国の伝道である。血で血を洗ってきた、また今も洗っているであろうヨーロッパの教会に比べて私たちの教会はまだ若いのだ、未熟なのだと謙虚に認めることは卑下になってしまうのだろうか？　成熟して行く必要を感じているのは私だけなのだろうか？あるいはこれを流行の自虐史観だと言うのなら、それこそ困難の中かつ貧しくもあった原始に立ち戻るべきなのだろうか？

「訳者が言うべきこと」が過ぎてしまった。

しかし、2014年3月2日、大胆にも、一人の女に高著二冊もの訳をお許しくださる手紙をサイン付でお送りくださり、その後、「あなたはいつ出すのですか」とやんわり督促メールをもくださった博士は、実にヨーロッパ紳士らしく、寛容であってくださった。また原題“Le Jour Vien”（朝は来る）〈Éditions Olivétan 2011〉を、《古代ローマの橋の遺跡が二千年健在なのは、その橋の架け方に理由があり、アーチを両側から順に組んで行き、最後に頂上部分に要石である輪石が嵌め込まれるのであって、そのためには両側に強い基盤が必要》という知識を得て膝を打ち、また出版年の順序から言っても「朝は来る」は先にあげた「一致の求め」（Édition Olivétan 2007）の具体化版であると考えた上で、改題させていただいた。

加えて、もしお会いできる好遇に恵まれたならお尋ねしてみたいことが一つ。ストラスブールという、現代では欧州議会ビルもある、「ヨーロッパ文明の十字路」でもう一人の改革者が得た妻、イドレットはもしかして再洗礼派（彼の地はその激戦地でもあった）の中でも、メノニットではありませんでしたか？ と。これはメノナイト、改革長老主義、そしてカトリックと、もし先立つ一致があったならば、この私の彷徨はなかったであろうと思う悔し紛れの質問ではあるのだが。

ルター研究者にして、フランス・プロテスタント史、とりわけアルザス・ロレーヌ地域について、かつ再洗礼派まで広範な知識の所有者である博士が、この質問にも苦笑いされるであろうことを承知の上で。

しかし本書・原題『朝は来る』が、日本の説教に方向性を示していることに訳者は確信を持っている。フランスでの学びの折、いつどこでこの本を入手したかも明確に思い出せないのだが、マリア論、巡礼論、天使論、共なる聖餐について触れているし、当時モンプリエ、モントーバンその他で目を白黒させていた私に自由さを教え、また率直にもヨーロッパ・キリスト教の衰微を直視させ、「若い教会」からも学ぼうという謙虚さに教えられ、私的にも長年内的問いであった「天」についても納得できる解答を見出し得た魅力ある本書である。

説教職にある方々に読んでいただきたいし、読後は伝道用に誰かに手渡していただければ訳者冥利に尽きる。時系列的にも、語りはバルトの雰囲気をも漂わせつつ、団塊世代にとっては記憶的1968年5月の総括もある滋味深い本である。

ただ本書の説教・黙想がそのまま日本で適用し得るとは訳者も思っていないし、受け取り方も様々であろう（私事に及ぶが現在在籍教会のF神父の説教からは、日本語による日本人のための説教として毎回啓発を受けている）。言うを待たないが、都合上、訳は「である」調で統一したが、説教として「です、ます」調で丁寧に語られていることは当然である。

しかし本書には原題が示すとおり、将来への希望がある。記憶しつつも後をふり向かない潔さがある。

畏友にして感性優れたヨベル社社長、かつ出版に協力してくださった安田正人氏の第一声「フランス的だ」は実に的を得ている。簡潔にして明晰なのである。私見を加えればドラマチックでもある。

ボローニャでの〈refo500〉のセミナーの折、ベルギーのヴィオラ教授がトリエント公会議文書とバチカンIIの文言を比較して、後者はポエチック（詩的）であると言われたのが印象的であったが、これからはドイツ、オランダなどの説教以外にもっとフランスの説教が出版されてもよいのかもしれない。そこにはリアリスム（現実主義）を見失わないイデアリスム（理想主義）がある！　真の女性原理であるマリアの出現がある！

なお原著・第二部「福音と日常の信仰」を割愛したので、以下に題名だけを列挙する。〈信じることとかかわること〉〈饗宴への招待〉〈歌うこと〉〈信仰、不運と罪〉〈試してみる〉〈我々の困窮を神に叫ぶ〉〈逃げるな〉〈驢馬の奉仕〉〈握っているものを放すこと〉〈鶏の鳴き声をきく〉〈歩くこと〉〈平和を受け取り、そして与える〉〈量るべきは生命、死ではなく〉。

なお、末尾になったがこの訳労を、私に読み書くことを教えてくれた母幸子、育児を助けてくれた姑スミ、霊の母シスター・ジャンヌ・ボッセの、今は天に在る3人の母に捧げたい。

２０１５年9月8日　蓮華岳を眺めつつ
時任　美万子

【著者略歴】
Dr. Marc LIENHARD
【マルク・リエンナール博士】

ストラスブール大学名誉教授、ルター派国際審議会神学者。マルチン・ルター及び宗教改革についての多数の著書あり。1997年より2003年迄、アルザス・ロレーヌ・アウグスブルク信仰告白ルター派教会議長を務めた。

以下はその詳細
牧師、神学博士、教会議長（1935年8月22日コルマール生まれ）。ギムナジウム・ジャン・シュトルムのリセ・サヴェルヌ卒業後、ストラスブール大学、モンペリエ神学大学、バーゼル大学で学ぶ。
1959—61　兵役で14か月をアルジェリアですごす。
1961　ビシュハイムで伝道師、1963　同地で牧師。

1965　宗教学博士。

1968—73　ストラスブール　エキュメニカルセンター教授。この間、ロイエンベルク条項作成にかかわる。

1971　神学博士、論文「ルター、イエス・キリストの証人」仏独英語で出版。

1973—2003　フランソワ　ヴァンデルの後を継ぎストラスブール大学で教授、この間パリでプロテスタント大学、カトリック・エキュメニカル研究所でも教える。

1991—96　学長を務める。

1997—2003　アルザス・ロレーヌ・アウグスブルク信仰告白ルター派教会議長。上同期間フランス・プロテスタント連盟のコンセイユ・スコレール議長。

2000—2003　フランス・ルター派連盟議長。

【主要著書】

Lutherisch-reformierte Kirchengemeinschaft heute 1972* Luther,témoin de Jésus Christ 1973* Foi et vie des protestants d’Alsace, Présence protestante en Alsace 1981* Martin Luther, Un temps une vie un message 1998* Magistrat und Reformation in Strassburg 1984* Zwischen Gott und König 1986* L’Evangile et L’Eglise chez Luther 1989* Un temps une ville une Réforme 1990*Religiöse Toleranz in Strassburg im 16 Jahrhundert 1991*Au Coeur de la foi de Luther IX 1991* La Foi Vécue Etudes d’histore de la spiritualité 1997* Martin Luther La passion de Dieu 2001* Dieu rit en Alsace Histoires et anecdotes de l’Alsace profonde 2004* Identité confessionnelle et quête de l’unité, Catholiques et protestants face à l’exigence oecuménique 2007* Creuser le sillon 2007* Fréderic Horning(1809 -82)2009* Identität im Wandel,Die Elsässer 2010* Histoire et aléas de l’identité alsacienne 2013* Le jour vient, Prédications et méditations 2011*

＊著者の写真は下記のサイトから掲載しました。 https://fr.wikipedia.org/wiki/Marc_Lienhard

訳者略歴
時任美万子（ときとう・みまこ）
（元）牧師、（現）カトリック信徒

ヨベル新書 034
**プロテスタントからカトリックへ橋をかける説教**
ストラスブールの街から

---

2015 年 10 月 31 日 初版発行

著　者 ── マルク・リエンナール
訳　者 ── 時任美万子
発行者 ── 安田正人
発行所 ── 株式会社ヨベル　YOBEL, Inc.
〒 113-0033 東京都文京区本郷 4-1-1-5F
TEL03-3818-4851　FAX03-3818-4858
e-mail：info@yobel. co. jp

DTP・印刷 ── 株式会社ヨベル



---

配給元―日本キリスト教書販売株式会社（日キ販）
〒 162 - 0814　東京都新宿区新小川町 9-1
振替 00130-3-60976　Tel 03-3260-5670

ISBN978-4-907486-28-0 C0216

---

## ヨベル新書（在庫一覧：税別表示）

001　土屋澄男　永遠のいのちの中へ

聖書の死生観を読む　品切れ　4-946565-44-1

002　峯野龍弘　聖なる生涯を渇望した男

偉大なる宣教者ジョン・ウェスレー　重版準備中　4-946565-60-1

003　渡辺　聡　東京バプテスト教会のダイナミズム 1

日本唯一のメガ・インターナショナル・チャーチが成長し続ける理由《わけ》

〈再版〉¥1,000　4-946565-43-4

004　山本美紀　メソディストの音楽

福音派讃美歌の源流と私たちの讃美　¥900　4-946565-64-9

006　齋藤孝志　［決定版］クリスチャン生活の土台　〈在庫僅少〉

東京聖書学院教授引退講演「人格形成と教会の形成」つき　¥1,000　4-946565-33-5

007　山下萬里　死と生

教会生活と礼拝　〈在庫僅少〉¥1,400　4-946565-73-1

008　齋藤孝志　［決定版］まことの礼拝への招き

レビ記に徹して聴く　¥1,000　4-946565-74-8

010　渡辺　聡　東京バプテスト教会のダイナミズム 2

渋谷のホームレスがクリスチャンになる理由　¥1,000　4-946565-91-5

012　池田勇人　あかし文章道への招待　〈在庫僅少〉

¥1000　4-946565-58-8

013　大和昌平　追憶と名言によるキリスト教入門

¥900　4-946565-94-6

014　ネヴィル・タン　金本恵美子訳　7172　〈在庫僅少〉

「鉄人」と呼ばれた受刑者が神様と出会う物語　¥1,000　4-946565-59-5

015　齋藤孝志　キリストの体である教会に仕える

エフェソ書に徹して聴く　¥1,000　4-946565-97-7

017　齋藤孝志　道・真理・命　1

ヨハネによる福音書に徹して聴く（1～6章）　¥1,000　4-946565-96-0

019　**寺林隆一　あなたのためのイエス・キリストの質問 66**
¥1,000　4-946565-82-3

021　**齋藤孝志　道・真理・命　2**
ヨハネによる福音書に徹して聴く（7 〜 12 章）¥1,000　4-907486-01-3

022　**宗藤尚三　核時代における人間の責任**　〈再版〉
**ヒロシマとアウシュビッツを心に刻むために**　¥1,000　4-907486-05-1

023　**井上彰三　ペットも天国へ行けるの？**
〈在庫僅少〉¥900　4-907486-06-8

025　**マイケル・オー　和解を通して** *Reconciled to God*
〈在庫僅少〉¥400　4-907486-09-9

026　**齋藤孝志　道・真理・命　3**
ヨハネによる福音書に徹して聴く（13 〜 21 章）¥1,000　4-907486-11-2

027　**山口勝政　キリスト教とはなにか？**
ヨハネ書簡に徹して聴く　¥1,000　4-907486-13-6

028　**渡辺　聡**　医者と薬がなくてもうつと引きこもりから生還できる理由《わけ》
東京バプテスト教会のダイナミズム 3　¥1,000　4-907486-18-1

029　**中澤秀一　グローブから介護へ**〈在庫僅少〉
元巨人軍選手からの転身　¥1,000　4-907486-20-4

030　**川上直哉　被ばく地フクシマに立って**
現場から、世界から　〈再版〉¥1,000　4-907486-21-1

031　**吉岡利夫／上田 勇**［監修］**塀の中のキリスト**
エン・クリストオの者への道　¥1,000　4-907486-23-5

032　**門叶国泰　説教聴聞録**　ローマの信徒への手紙
〈在庫僅少〉¥1,000　4-907486-24-2

033　**大和昌平　牧師の読み解く般若心経**　¥1,100　4-907486-25-9

034　**マルク・リエンナール**　時任 美万子訳
**プロテスタントからカトリックへ橋をかける説教**
ストラスブールの街から　¥1,100　4-907486-28-0

035　**藤巻　充　聖書的説教**《バイブル・リーディング》　悩める方たちへの聖書の語りかけ ¥1,000　4-907486-29-7

自費出版の手引き『**本を出版したい方へ**』を無料進呈しております。

第一期　**渡辺善太著作選**　全 13 冊＋別巻 1

新書判・平均予 272 頁・本体 1800 円＋税

❶　偽善者を出す処 ―― 偽善者は教会の必然的現象 ――

ヨベル新書 009・304 頁　ISBN978-4-946565-75-5 C0016

❷　現実教会の福音的認識

ヨベル新書 018・316 頁　ISBN978-4-946565-76-2 C0016

❸　聖書論 ―― 聖書正典論　1/ I

ヨベル新書 011・288 頁　ISBN978-4-946565-77-9 C0016

❹　聖書論 ―― 聖書正典論　2/ I

ヨベル新書 016・256 頁　ISBN978-4-946565-78-6 C0016

⑤　聖書論 ―― 聖書解釈論　1/ Ⅱ

予 272 頁

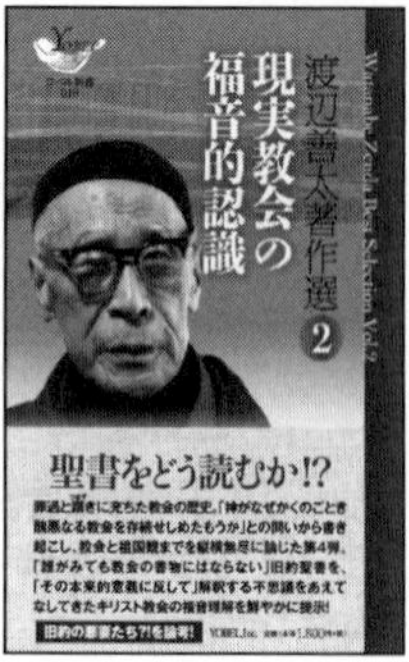


⑥　聖書論 ―― 聖書解釈論　2/ Ⅱ

予 272 頁

⑦　聖書論 ―― 聖書解釈論　3/ Ⅱ

予 272 頁

⑧　聖書論 ―― 聖書神学論　1/ Ⅲ

予 272 頁

⑨　聖書論 ―― 聖書神学論　2/ Ⅲ

予 272 頁

⑩　聖書論 ―― 聖書学体系論　一試論、ほか

予 272 頁

⓫　聖書的説教とは？

ヨベル新書 024・320 頁　ISBN978-4-946565-80-9

⓬　説教集　わかって、わからないキリスト教

ヨベル新書 020・256 頁　ISBN978-4-946565-86-1

⑬　説教集　教会の現実とその存続の不思議さ（予定）

予 250 頁＊「銀座の一角から」を改題

別巻　岡村民子　対話の場としての正典、他（予定）